TROIS MÉDECINS POITEVINS

AU XVIᵉ SIÈCLE

OU

LES ORIGINES CHATELLERAUDAISES

DE LA

FAMILLE DESCARTES

PAR

M. Alfred BARBIER

DE LA SOCIÉTÉ DES ANTIQUAIRES DE L'OUEST

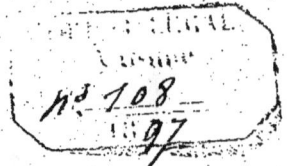

POITIERS

E. MARCHE, LIBRAIRE-ÉDITEUR

3o, RUE GAMBETTA, 3o

—

1897

LES ORIGINES CHATELLERAUDAISES

DE LA

FAMILLE DESCARTES

26

TROIS MÉDECINS POITEVINS

AU XVIᵉ SIÈCLE

OU

LES ORIGINES CHATELLERAUDAISES

DE LA

FAMILLE DESCARTES

PAR

M. Alfred BARBIER

DE LA SOCIÉTÉ DES ANTIQUAIRES DE L'OUEST

POITIERS

E. MARCHE, LIBRAIRE-ÉDITEUR

30, RUE GAMBETTA, 30

—

1897

TROIS MÉDECINS POITEVINS
AU XVIe SIÈCLE

ou

LES ORIGINES CHATELLERAUDAISES
DE LA FAMILLE DESCARTES

« L'éclat du nom de René Descartes
a, pour ainsi dire, rejeté dans l'om-
bre le souvenir de ses parents, comme
le soleil fait disparaître les astres
de la nuit..... »

(Sigismond Ropartz, *la Famille
Descartes en Bretagne.*)

I

EXPLICATIONS PRÉLIMINAIRES

On a beaucoup écrit sur le célèbre philosophe René Descartes, une des plus grandes intelligences du dix-septième
siècle.

Les uns, c'est l'exception, ont recherché les origines de
sa famille, les autres, c'est le nombre, ont discouru longuement sur les ouvrages de cet esprit supérieur qui, malgré
son génie, n'a point été exempt des atteintes de la critique.

C'est sur le premier de ces points que nous voulons insister ; il n'est pas plus de notre compétence qu'il n'entre
dans le cadre de notre sujet d'apprécier le philosophe et
le savant.

Les sources auxquelles nous avons puisé n'ont pas été aussi abondantes que nous l'avions espéré tout d'abord ; la tâche n'en était que plus difficile. A part les notices dues à la plume de l'abbé Lalanne, l'historien du Châtelleraudais, et auxquelles de nombreux emprunts ont déjà été faits, nous n'avons trouvé de secours véritablement efficace que dans la communication obligeante d'archives privées, dans l'examen attentif des registres paroissiaux de notre ville et dans quelques liasses de la série E supplémentaire des *Archives départementales de la Vienne*, don précieux et libéral du regretté comte de Touchimbert. Il en ressort des faits nouveaux que nous n'aurons garde de négliger. Ils confirment d'ailleurs l'opinion solide et raisonnée émise il y a déjà longtemps par le laborieux curé de la paroisse d'Oiré, laquelle se résume en deux mots: par leur origine, les Descartes sont encore plus du Poitou que de la Touraine et de la Bretagne.

Nous allons essayer de justifier cette proposition contraire à certaines idées admises jusqu'à présent sans examen, et qui manquent de bases solides.

On trouvera peut-être que la multiplicité des détails prend une trop grande place dans cette étude locale, mais qu'on veuille bien considérer qu'ils s'imposent. Des faits secondaires et négligeables en apparence ne nous en conduisent pas moins à la vérité et alors la cause est gagnée au profit de l'exactitude historique, seul but à atteindre.

S'il est certain que la Touraine d'abord, la Bretagne ensuite ont des droits à revendiquer sur l'illustre famille de Descartes, il est aussi facile de prouver que le Haut-Poitou est son berceau. A Châtellerault résidait avant 1543 Pierre Descartes, aïeul de René. Il s'y maria, y vécut longtemps

en exerçant la médecine avec distinction et y rendit le dernier soupir sous les atteintes d'une longue et cruelle maladie.
C'est dans la même ville que naquit très probablement son
fils unique Joachim. C'est à Poitiers, centre intellectuel
renommé, que les deux garçons de ce dernier, Pierre et
René, obtinrent les grades universitaires qui furent pour le
cadet les solides assises et les prodromes de son immense
renommée.

Adrien Baillet, « un des plus célèbres critiques de son
siècle, » disent les anciens ouvrages biographiques, a écrit
la vie de Descartes. Trop bref et trop crédule à l'endroit
des origines familiales de son personnage, il a commis sous
ce rapport quelques erreurs qu'il faudrait moins lui repro-
cher si elles ont été involontaires. L'abbé Lalanne les a re-
levées avec autorité opposant des textes à des hypothèses.
Mieux documenté que le secrétaire de Guillaume Lamoi-
gnon, il a établi que les Descartes étaient originaires de
Châtellerault, laissant Poitiers dans une obscurité que j'es-
saierai de dissiper. Et ces preuves d'un historien local, un
écrivain breton, Sigismond Ropartz, s'en est emparé, admet-
tant sans réserves, mais sans rien y ajouter, les notices du
curé d'Oiré. Il était étranger à notre pays comme nous au
sien, et il est bon de préciser que son livre, fort instructif
du reste, a pour sujet : *la Famille Descartes en Bretagne,
1586-1762.* L'auteur s'est cantonné en Bretagne entre ces
deux dates. Moi-même, sans sortir du Poitou, je remonterai
au commencement du seizième siècle pour ne guère le dé-
passer. — C'est dire que mon objectif diffère en tout de celui
de Ropartz.

Enfin, dans les pages qui vont suivre, nous n'avons pas
l'intention de marcher sur les brisées des auteurs qui nous

ont précédés. A chacun le sien. Nous affirmerons au contraire la valeur de leurs recherches et le mérite de leurs travaux. Il nous sera permis toutefois d'ajouter à ce sujet intéressant, cause d'opinions divergentes, des textes inédits
et curieux dont l'accumulation raisonnée et le groupement
méthodique nous fourniront des preuves concluantes en
amenant des rectifications nécessaires. Si la Touraine et la
Bretagne y perdent quelque chose, notre province y re-
prendra à coup sûr ses droits légitimes.

Ce travail est par sa nature essentiellement biographique,
s'aidant de généalogies qui attestent et justifient les des-
cendances. Leur emploi exige une extrême réserve. Quant
aux documents nouveaux que nous publions ils sont extraits
d'un chartrier où la modestie du propriétaire les tient soigneusement enfermés. Ils peuvent affronter le grand jour
en révélant à tous les distingués services des ancêtres et
des alliés poitevins du grand philosophe René Descartes(1).

Mais il est temps de produire les familles auxquelles
nous allons emprunter notre démonstration historique.
Elles ne sont pas aussi connues qu'elles méritent de l'être.

Les Ferrand, les Rasseteau, les Brochard, les Sain et
surtout les Descartes vont apparaître tour à tour dans cette
étude. En esquissant la vie intime de ces familles nous ex-
pliquerons pour chacune d'elles les liens qui les unissent
et les rattachent au Poitou, leur véritable berceau et le nid

(1) M. le comte Antoine Ferrand, de Poitiers, allié, comme on le verra plus
loin, à la famille Descartes, nous a communiqué avec une complaisance sans
bornes des documents curieux et inédits sur sa famille et celle du philosophe.
Grâce à l'obligeance d'un arrière-petit-fils de Jean Iᵉʳ Ferrand, médecin de la
reine Eléonore, nous pouvons donner l'acte des fiançailles de Pierre Descartes
avec Claude Ferrand. Ce texte curieux, s'il en fut, constitue l'argument le
plus solide que nous puissions opposer à ceux qui disputeraient à la ville de
Châtellerault les ancêtres de René Descartes.

où, sous l'influence mystérieuse des lois de l'atavisme, commença à se réchauffer et à poindre le génie transcendant de Descartes.

Notre titre exige aussi quelques explications.

Trois médecins poitevins au XVIᵉ siècle :

Quels sont ces médecins et quel rapport immédiat peuvent-ils avoir avec les origines châtelleraudaises de la famille Descartes ?

Ma réponse sera brève et, je l'espère, concluante.

Jean Iᵉʳ Ferrand, que nous ne confondrons pas dans le cours de ce récit avec Jean II, son fils aîné, fut avant 1547 médecin de la reine Éléonore, seconde femme de François Iᵉʳ. Après avoir exercé avec succès l'art de guérir à Châtellerault il vint s'établir à Poitiers et y marqua dans la faculté de médecine. Nous verrons plus loin comment il fut le bisaïeul paternel de René.

Son fils, Jean II, lui succéda dans la charge honorifique de médecin ordinaire du roi qu'il occupa sous Charles IX et Henri III.

Le troisième médecin n'est autre que Pierre Descartes, grand-père du philosophe.

Et, dans un cycle plus que centenaire, de François Iᵉʳ à Henri IV, nous ferons évoluer à Châtellerault et à Poitiers trois générations de Descartes : Pierre, Joachim et René lui-même. A la légende et aux hypothèses seront opposés des textes authentiques nous initiant à la réalité des faits accomplis dans le Haut-Poitou.

II

LES FERRAND

Remontons au début du seizième siècle et esquissons rapidement la biographie des membres, non sans relief, de la nombreuse génération des Ferrand.

Originaires de la Basse-Touraine, implantés à Champigny-sur-Veude, entre Richelieu et Chinon, ils y devinrent les familiers des Bourbon-Montpensier, puissants seigneurs d'une petite ville qui excita plus tard la jalousie du Grand Cardinal. Élevés à la cour opulente et lettrée de ces ducs de sang royal, les Ferrand en obtinrent la confiance et les faveurs comme intendants, médecins ou capitaines, et nous ne saurions oublier ici que François de Bourbon-Montpensier et son fils Henri eurent le duché de Châtellerault de 1582 à 1606, circonstance qui explique jusqu'à un certain point l'émigration des Ferrand dans le Haut-Poitou.

Cette famille, qui savait se produire, obtint en 1554 des lettres de noblesse de Henri II dans la personne de Jacques Ferrand « demeurant à Champigny sur Veude, pays de Poitou ». Ces lettres flatteuses énumèrent les services du nouveau gentilhomme (1). Attaché à la personne du premier duc de Montpensier, Louis II, qu'il « avait suivi en bon équipage en tous ses voyages de guerre », il se distingua par sa bravoure à la bataille de Renty. — On ne saurait mieux gagner ses éperons.

C'est à cette époque que furent achevés le château et la

(1) *Voir* pièce justificative n° 1.

Sainte-Chapelle. Louis II « fit du château de Champigny la demeure la plus agréable et la plus somptueuse ; souvent, alors qu'il lui était permis de faire trêve à ses travaux, on le vit s'y délasser des fatigues de la guerre... ».

Jacques Ferrand (1) fut père de Jean Ier Ferrand, médecin de la reine Éléonore, ainsi que nous l'avons dit ; ce dernier vint s'établir à Châtellerault (2), puis émigra à Poitiers, théâtre plus vaste et mieux en rapport avec ses talents chirurgicaux. On l'y trouve recteur de l'université en 1568 (3), pendant le décanat de François Pidoux mort en 1577.

De Louise Rasseteau, femme de notre Jean Ier, et originaire de Châtellerault, vinrent neuf enfants, quatre garçons et cinq filles (4). Nous ne savons à quelle époque remonte le mariage des deux époux. Cependant une note recueillie dans des papiers de famille nous apprend « que Louise Rasseteau, mariée à noble Jean Ferrand, docteur en médecine, demeurant à Châtellerault, avait été secourue par ce dernier en temps de contagion, et qu'après l'avoir guérie il en avait obtenu la main ».

Les *Mémoires* de Roffay des Pallus (5) signalent l'épidémie à laquelle il vient d'être fait allusion : « à peu près dans ce temps là (1532), la ville de Châtellerault et ses environs furent affligés d'une maladie contagieuse qui em-

---

(1) Un registre obituaire de Saint-Jean-Baptiste de Châtellerault (1540-1553) nous révèle le nom de la femme de Jacques Ferrand.

(2) Le 27 février 1541, Jean Ferrand, médecin, achète d'un sieur Louis Agnès, dit Moron, une maison et métairie appelées *Chez-Dupré*, sise au bourg de Saint-Ustre. (Arch. Vienne, S. 261.)

(3) *Histoire de l'ancienne faculté de médecine de Poitiers,* par le docteur Jablonski. — « Jean Ier signa les lettres de docteur de François Ulmeau, docteur régent de la faculté de médecine de Montpellier. »

(4) Le 12 février 1541 il perdit un enfant en bas âge ; « un petit corset » (*Reg. obituaire* de Saint-Jean-Baptiste de Châtellerault, 1540-1553).

(5) Sur *Châtellerault et le Châtelleraudais*, écrits en 1738 à la demande de M. Le Nain, alors Intendant du Poitou.

porta beaucoup de monde et occasionna la confrérie de Saint-Roch. » Ce fait est d'ailleurs confirmé par les détails qui suivent.

Au mois de septembre 1532, François Iᵉʳ, touché de la misère des habitants d'une ville qu'il affectionnait beaucoup, accorda aux divers fermiers du domaine royal des rabais considérables sur le prix de leurs redevances (1).

C'est aussi au mois d'août de la susdite année, alors que le fléau exerçait de terribles ravages sur une population misérable, que la duchesse d'Angoulême, Louise de Savoie, mère du roi, donna trois cents livres pour la construction d'un hôpital à Châtellerault (2).

Un peu plus tard, le 10 mars 1533, le même prince octroya généreusement des « lettres d'exemption pour cinq ans en faveur des habitants des ville, faubourg et châtellenie de la Rochepozay d'une somme annuelle de 250 livres tournois sur leur part des tailles imposées ou à imposer pendant ce temps en l'élection de Loches (3), parce que pendant les treize mois précédents ils avaient été tellement affligés de la peste que la plus grande partie des chefs d'hostel estaient trépassez et leurs biens meubles pillez par les bellistres qui les ensevelissaient (4) ».

En rapprochant ces divers événements les uns des autres, nous sommes porté à croire que le mariage du médecin Jean Ferrand avec Louise Rasseteau est de la fin de 1532.

---

(1) *Actes de François Iᵉʳ*, 4844, 4845, 5196, 5197, 5198.
(2) *Actes de François Iᵉʳ*, 4803.
(3) A cette époque la Roche-Posay faisait partie de l'archiprêtré de Châtellerault, de la baronnie de Preuilly en Touraine et de l'élection de Loches, généralité de Tours.
(4) *Actes de François Iᵉʳ*, 5532.

III

LE LIVRE *DE NEPHRISIS ET LITHIASIS*

Nous avons dit qu'ils eurent une nombreuse famille ;
malgré les embarras qu'elle devait causer à l'habile chirurgien, son art, qu'il aimait passionnément, ne fut pas négligé.
Il trouva même dans ses courts loisirs le temps d'écrire en
latin un traité médical intitulé : *De nephrisis et lithiasis,
seu de renum et vesicæ calculi definitione...* Publié d'abord
en 1570, cet opuscule eut en 1601 une seconde édition sortie
des presses d'un nommé Michel Sonnius de Paris. Bien que
professionnels, les détails qu'il contient en font pour ainsi
dire un document historique (1).

Jean Ferrand, le père, ainsi qu'il se qualifie (2), a joui
en Poitou, dans la première moitié du seizième siècle, d'une
renommée que ses talents chirurgicaux semblent justifier.
Le journal de médecine opératoire qu'il nous a laissé contient l'exposé des découvertes successives et merveilleuses,
pour l'époque, qu'il fit à l'aide de son scalpel sur ses clients
alors qu'ils étaient passés dans un autre monde. L'amour

---

(1) Manget, dans sa *Bibliothèque des auteurs sur la médecine*, t. II, p. 281,
dit en parlant des ouvrages de Jean Ferrand : *Ferrandus Johannes , pictaviensis. De eo habentur : de nephrisis et lithiasis, seu de renum, et vesicæ calculi
definitione....Parisiis, apud Michaelem Sonnium, 1570, in-8°, ibid., 1601, in-12.*
Cette note est exacte; toutefois Manget commet une erreur en attribuant à cet
auteur une autre plaquette intitulée : *De febribus libellus ex variis auct. coll.,
Parisiis apud eumdem (Sonnium),* 1602, in-12. Elle est due à la plume de Jean
Ferrand, son fils aîné, qui portait le même prénom. — Le livre que j'ai consulté pour écrire cette notice appartient à la bibliothèque de la ville de Poitiers. Les œuvres du père, suivies de celles du fils, y ont été reliées ensemble.
Ce volume que je crois rare, a appartenu à Jouyneau-Des-Loges, directeur des
Affiches du Poitou. Il lui avait été envoyé par un certain M. Devilliers, mé-
decin à Paris.

(2) *J. Ferrandus, senior, medicus pictaviensis...*

de la science le dévorait et il raconte ses dissections avec une originalité et une complaisance qui ont une tournure légèrement comique.

Mais avant d'entamer le récit des opérations de notre médecin et de mettre en scène les personnages qui en furent l'objet, nous allons entendre la dédicace de son livre à l'avocat François Aubert, un notable de la ville de Poitiers (1). L'emphase du style alors à la mode n'enlève rien à un petit discours que nous traduirons librement du latin en français. Jean Ferrand s'exprime ainsi :

« L'éclat de vos études et de vos actions, très distingué maître, m'engage tout en travaillant à soigner votre maladie, en particulier les douleurs néphrétiques que vous avez endurées si souvent jusqu'à ce jour, à en faire la description dans ce petit volume après avoir consulté à cet égard les plus illustres médecins de ce pays et d'une façon plus spéciale tout ce qu'il est possible de recueillir dans Hippocrate, Dioscoride, Galien, Avicenne et Paul d'Égine, ainsi que dans les œuvres d'autres médecins anciens ou modernes, et puis à vous offrir cet opuscule, gage de profonde gratitude, afin que, vous étant délecté parfois de ces notes et de nos travaux hâtifs qui tels que des fleurs auront le don de vous plaire, vous viviez et vous délassiez comme à une table somptueuse chargée des mets les plus délicats. Si vous avez pour agréable ce petit présent, vous en recevrez sûrement dans la suite un bien plus considérable. Mais en recueillant et en développant ces écrits des anciens, nous voudrions vous faire comprendre que nous cherchons d'abord à définir les douleurs néphrétiques, puis les causes de ce mal et

(1) ... *Francisco Auberto, equi amantissimo, Regio consiliario nec non Pictaviensi Præsidi prudentissimo, S.*

les signes qui le révèlent, enfin les préservatifs et les remèdes que nous avons notés d'après les ouvrages des médecins soit anciens, soit modernes, ainsi que d'après les
observations que nous avons faites pendant de longues années
en soignant nos malades. — Sur ce portez-vous bien et
tenez-moi pour votre très humble. »

Il s'agit dans cette dédicace de François Aubert, seigneur
d'Avanton. Lieutenant général de la sénéchaussée de Poitiers en 1555, il fut mis à la tête du présidial deux ans
après (1). C'était un magistrat de valeur et très énergique,
« mais parlant beaucoup mieux qu'il n'écrivait ». Échevin
en 1558, il coopéra à la rédaction des *Coutumes du Poitou*
en 1559, fut maire en 1564 et maintenu en 1565. Royaliste déterminé, ennemi des novateurs en religion, il servit
fidèlement Charles IX pendant les troubles de la première
guerre civile à Poitiers (2). Il mourut le 29 octobre 1568.

D'après Beauchet-Filleau, il habitait une maison vis-à-vis
la Prévôté, « solidement bâtie en pierres de taille et dont la
porte, flanquée sur la rue de deux grosses tours, était ornée
des armes des Aubert (3) et des Fumée (4).

(1) Le présidial de Poitiers avait été créé en mars 1551 par un édit de
Henri II. « Il passait pour le plus beau de France. »
(2) *V.* nos *Chroniques de Poitiers aux XV⁰ et XVI⁰ siècles.—Première guerre
civile à Poitiers*, pp. 93 et suiv.
(3) De gueules à la chemise de maille d'argent. Ces armes, dit le *Manuscrit
Bourbeau* (bibliothèque de la ville, n° 387) sont sur la porte de M. de la Mardière, conseiller à Poitiers, ci-devant à M. de Bernay, *près la Prévôté*, avec
celles des Fumée.
(4) D'argent à six losanges de sable posés 3, 2, 1.
La présence de ces armes s'explique par les alliances qui suivent :
En 1474, Hilaire Herbert avait épousé Pierre Fumée, seigneur de la Pier-
rière; en 1504 François Fumée était devenu l'époux de Marguerite Aubert, fille
de Jean, seigneur d'Avanton. D'après M. de la Mardière l'édifice en question
aurait été construit de 1514 à 1520 par François Fumée. Il est plus croyable
que cet hôtel, d'une rare élégance, bijou d'architecture archaïque, fut bâti par
Pierre Fumée, père de François, mari d'Hilaire Herbert, vers 1471. D'ailleurs,
si les armes d'alliance des Aubert figurent à l'extérieur de la maison, celles
des Fumée accolées à celles des Herbert se remarquent à l'intérieur. Enfin, on

IV

LES OPÉRATIONS, LES REMÈDES ET LES CURES DU MÉDECIN
JEAN FERRAND, LE PÈRE

Nous allons voir défiler maintenant les personnages
aux quels Jean Ferrand, le père, donna ses soins et dont il
nous a conservé la mémoire. En relevant les noms des prin-
cipaux clients du vieux médecin poitevin il est impossible
de se taire sur les opérations chirurgicales qu'ils subirent
et les étonnants remèdes qui leur furent appliqués. Mais
nous réduirons ces détails à leur plus simple expression,
et s'ils paraissent trop réalistes à quelques-uns, peut-être
seront-ils goûtés par d'autres. Ils n'en tendront pas moins
à faire ressortir les immenses progrès accomplis de nos
jours par l'art si difficile de la lithothritie.

C'est d'abord Charles Tiercelin, seigneur de la Roche-du-
Maine, chevalier de l'ordre du roi, capitaine de cinquante
hommes d'armes, qui fit élever le superbe château (1) dont
les ruines encore imposantes se voient dans la commune de
Prinçay, en Loudunais. — Ce grand seigneur finit ses jours
dans son manoir de Chitré, non loin de Châtellerault, qui
lui venait de son mariage avec une Turpin de Crissé. A sa
mort (2 juin 1567) son corps fut disséqué et l'on trouva
dans ses reins une grosse pierre carrée excessivement dure
provenant (Jean Ferrand le croit) d'un coup de lance. Le

se demande comment il est arrivé qu'après l'indication si précise du *Dictionnaire des familles du Poitou* on ait confondu l'élégant hôtel des Fumée avec
les bâtiments sévères des prisons de la Prévôté qui sont en face. M. de la
Mardière a dissipé tous les doutes.

(1) Cet édifice de la Renaissance, construit à la fin du quinzième siècle, est
encore bien conservé.

médecin qui procéda à la dissection du corps de ce rude
batailleur était connu sous le nom de Le Nauré et exerçait
la chirurgie à Poitiers. Charles Tiercelin avait alors dépassé
quatre-vingts ans. — Brantôme connut beaucoup ce grand
capitaine. Il en parle avec plaisir dans son *soixante-septième
discours* qui a pour titre : M. DE LA ROCHE DU MAYNE. Rien
n'est plus attachant que les pages où le malicieux chroniqueur
prodigue les traits piquants de son esprit gaulois. Nous
avons déjà vu ce Tiercelin à Poitiers en 1562 à côté du maréchal de Saint-André qui avait repris la ville sur les fou-
gueux protestants de Sainte-Gemme.

En 1566 (date à retenir,) Jean Ferrand disséqua le corps
de « son cher gendre », Pierre Descartes, médecin de grand
mérite établi à Châtellerault (1). Il trouva dans chacun de
ses reins des calculs remarquables par leur grosseur et leur
poids et qui le faisaient horriblement souffrir lorsqu'il che-
vauchait. Jean Ferrand parle une autre fois de ce gendre
auquel il semble très attaché et revenant dans un sentiment
de vif regret sur la maladie de Pierre Descartes dont il
était lui-même atteint, il ajoute de nouveaux détails à ceux
qui précèdent (2) et indique l'année du décès du médecin
châtelleraudais.

---

(1) « *Ferrandus, quam plurimos tractavit qui talia patiebantur, inter quos
charissimum habuit generum suum, A Chartis, medicum meritissimum, quem
cum è vivis excelsisset secare fecit, lapidesque quamplurimos in cavitatibus
renum invenit, siculi etiam in substantia renum : plures enim reperti sunt,
longi, asperi, cornuti, nigri, qui quoties laborabat, aut equitabat, vellicabant
renum substantiam, unde sanguinolentam meiebat urinam, et quando quietus
manebat, puram et limpidam meiebat.* » (*De nephrisis*, p. 16 verso.)

(2) *Ferrandus hoc ipso anno 1566, secto cadavere sui generi Petri Deschartes
re medica illustrati, exclusit è substantia utriusque renis duos lapides, ab
utroque unum, insignis magnitudinis et crassintie, multis alis seu cornibus, aut
radicibus indicta renum substantia et stomachis seu ventriculis adhærentibus,
cum multis lapillis pisorum magnitudinis repletis, ureteribus quam plurimis
arenulis refertis et oppletis.....* (*De nephrisis*, p. 31 verso.)

Pierre Descartes est donc mort à Châtellerault, sa patrie, d'adoption, où il fut enterré. M. Arthur Labbé, dans une brochure intéressante publiée en 1893, relève ce fait important jusqu'alors ignoré et il l'accompagne d'un commentaire que nous reproduisons textuellement.

« M. Duvau, maire de Châtellerault, a offert au musée de cette ville une pierre tombale portant le nom de Descartes : ce fragment, le seul qu'on ait retrouvé, mesure 0m90 de long sur 0m23 de large, on y lit l'inscription suivante en lettres majuscules :

...RRE DESCARTES
VIV....

« Cette pierre, après avoir servi longtemps de couverture à un puits, était restée enfouie dans le jardin de M. Duvau, d'où elle a été retirée dans ces derniers temps. Elle provenait très probablement de l'ancien cimetière de Saint-Jean compris entre les murailles de la ville, l'église Saint-Jean-Baptiste, les rues Saint-Jean et Saint-Louis. Bien que l'inscription soit incomplète, il est facile de reconnaître qu'il s'agit de Pierre Descartes, qui n'est pas un étranger pour nous. »

Rien n'est à retrancher de ces lignes que nous accompagnerons de quelques réflexions.

S'il était permis de restituer l'inscription dans sa brève simplicité nous lirions : PIERRE DESCARTES, VIVANT DOCTEUR EN MÉDECINE, MORT EN 1566. Le prénom et le nom, la qualité, l'année du décès, cela suffisait au seizième siècle. Les manifestations sentimentales et les souvenirs éplorés n'étaient pas de mode alors.

Quant au lieu où a été trouvé le précieux fragment, nous

nous bornerons à faire remarquer que non loin était la *cha-pelle privée des Rasseteau* (1). En effet, *l'Inventaire des archives de Châtellerault* (p. 7) nous apprend que « Le 23 mars 1685, mourut Françoise Vantelon, femme du président (2) Jean Rasseteau, proche de l'église de Saint-Jean-Baptiste, et que longtemps plus tard, le 24 fructidor an IV, lam unicipalité approuva l'aliénation en faveur de Théodore Guillemot du vieux bâtiment isolé appelé la Chapelle des Rasseteau, mais en réservant le jardin contigu, dépendance du presbytère de Saint-Jean. (*Registre de correspondance I.*)

Pierre Descartes étant un des cinq gendres de Louise Rasseteau, il semble rationnel d'admettre qu'il a pu être inhumé dans la chapelle funéraire de ses parents, sinon dans le cimetière voisin de Saint-Jean-Baptiste.

Continuons :

En 1564, Jean Ferrand procède à l'autopsie de Claude de Monléon, dame de Touffou et d'Abain, femme en 1519 de Jean Chasteigner, seigneur de la Roche-Pozay, décédée le 8 juillet de la même année, et ensevelie dans l'église de la Roche-Pozay auprès de son fils aîné. Très charitable elle laissa par testament « 500 livres pour aider à marier les pauvres filles et mettre de pauvres enfants à l'école et en métier ». On dit encore d'elle dans son oraison funèbre « qu'elle menait une vie si vertueuse, noble et louable envers Dieu et un chascun qu'il n'est possible de plus ». — Il

(1) Son emplacement est indiqué dans une déclaration de 1672 rendue par messire Michel Georges, prêtre, curé de Saint-Jean-Baptiste de Châtellerault : « ... Un logis situé proche lad. église, consistant en chambres basses..... joignant d'une part du couchant à la rue tendant de Saint Jean Baptiste à aller au Petit Pont, des côtés du levant et midi aux murs de la ville, du septentrion à l'église, à la *chapelle des Rasseteau* et au petit cimetière, led. logis appelé l'ancien presbytère... » (Arch. Vienne. *Inventaire des titres du fief de Chesne*, R. 53.).—Cette chapelle était accolée au mur sud de l'église avec laquelle elle communiquait. Elle existait encore en 1860.

(2) De l'élection, créée en 1520 par François Ier.

est consolant de penser que la charité chrétienne a été de tout temps ; elle est de ces choses qui ne vieillissent pas.

Une autre fois, notre habile chirurgien exerce son art sur un vivant, et à l'aide du bistouri il extrait de la jointure du bras droit du seigneur de Rouct deux pierres blanches assez longues et pesantes.

Le château de Rouet (commune de Beaumont), dépendant de la tour de Maubergeon, était la résidence des La Béraudière, seigneurs de ce fief et de l'Ile-Jourdain en Basse-Marche. Celui dont parle Jean Ferrand est très probablement René, mari de Madeleine du Fou, fille d'un seigneur du Vigeant. La Noblesse du duché de Châtellerault le choisit pour la représenter au procès-verbal de la réformation de la coutume du Poitou en 1559. C'était un homme fort apprécié du parti royaliste. On le trouve au nombre des défenseurs de Poitiers assiégé par l'amiral Coligny en 1569.

En 1564, Ferrand opère une religieuse du monastère de Sainte-Croix appelée Charassé, en lui extrayant une pierre du pouce de la main droite.

Il vit aussi la noble dame de Morthemar rejeter avec grand effort un calcul assez gros et très dur.

A Châtellerault, un de ses habitants nommé Proust mourut de consomption après avoir vomi plusieurs corps blancs très compacts.

Poursuivons la série des opérations de Jean Ferrand en 1566.

Au mois de juin, il ouvrit le cadavre de l'illustre seigneur de Montpipeau, surnommé de Rochechouart (1). Il trouva

(1) Louis de Rochechouart, chevalier, seigneur de Montpipeau, Gascougnolle, Vreille, Thérigné et Ardilleux, panetier ordinaire du roi et maître d'hôtel du duc d'Orléans. (*Procès-verbal de la Coutume de Poitou* de J. Barraud, p. 18.)

dans la vessie trois calculs de la grosseur d'une noix avec
son enveloppe. Ces pièces étaient unies, blanches, d'une
dureté remarquable, on eut plutôt dit que c'étaient des cailloux de rivière que des calculs sortis du corps humain.

Dans l'intérieur d'un certain Lucas de Montigny, avocat
à Poitiers (1), Ferrand trouva une pierre d'une grosseur extraordinaire pesant 398 grammes. Cet avocat qu'il représente
comme un homme de lettres aurait laissé divers écrits et
travaux remarquables parmi lesquels un proverbe français :
L'âme et l'honneur. Je suis convaincu, dit Ferrand, qu'avec
sa vertu éprouvée et son amour du bien, mon client a atteint
le but auquel tend l'heureuse expression de sa formule.

L'année suivante, 1567, notre chirurgien disséqua le
corps d'un gentilhomme marquant de Châtellerault, Jean
Chasteigner, seigneur de la Roche-Pozay, décédé au château de Touffou le 1er juin à l'âge de soixante-dix-sept ans.

Joseph Scaliger, un des écrivains les plus érudits du
seizième siècle, et ami de la famille de Chasteigner, s'est
plu à en célébrer les mérites. Il composa en latin l'épitaphe
de Jean qui était gravée sur son tombeau à la Roche-Pozay.
On ne peut mieux résumer la vie de ce brillant capitaine.
En voici la traduction littérale :

« Ci-gît Jean Chasteigner, fils de Guy, chevalier de
l'ordre du roi et gentilhomme ordinaire de sa chambre.
Guidon de la compagnie de gendarmes de François, comte
d'Angoulême, qui fut plus tard roi de France. Seigneur de la
Roche-Pozay, de Saint-Georges de Rexe, de Roche-Faton,
de la Melleraye et de l'Ile-Bapaume qui, l'an du seigneur
1522, au siège de Pavie, chargé par Lautrec, son chef, de-

---

(1) Philippe Lucas, sr de Montigny, maire de Poitiers en 1555. — Sa devise :
In labore suavitas.

s'emparer de la porte de cette ville, se jeta hardiment contre elle. Un succès éclatant n'aurait pas fait défaut si les gens que Lautrec lui avait assignés ainsi qu'à Riberac avaient appuyé avec une constance égale ce bel acte de bravoure, mais abandonné par eux, contraint de reculer, il lutta courageusement tout en battant en retraite, et eut la jambe brisée par un coup de mousquet qui le laissa boiteux toute sa vie. Enfin après avoir participé glorieusement à de nombreuses expéditions sous les rois Louis XII, François et Henri II, il mourut l'an du Christ 1567 aux calendes de juin dans sa 77ᵉ année. Il avait eu de son unique mariage seize enfants tant garçons que filles, dont deux furent tués à la suite des guerres d'Italie en 1553, au siège de Thérouanne, chez les Morins et Roch à Bourges en 1562. Leur père vivait encore à cette époque, ainsi que leur mère Claude de Monléon, dame de Touffou et d'Abain. Enseveli dans la paix, il y attend le dernier avènement du Christ. »

Nous avons dit plus haut que Claude de Monléon était décédée en 1567 ; nous ajouterons que cette belle inscription ne pouvait être omise parce qu'elle confirme la véracité des faits rapportés par Jean Ferrand dans son intéressant journal médical.

A Poitiers, c'est un marchand du nom de Roger qui fut guéri par des remèdes sur la composition desquels nous nous tairons. Les charlatans de nos jours n'oseraient offrir aux naïfs campagnards ces mélanges bizarres, originaux, sans nom acceptés avec une foi robuste au seizième siècle. Les recettes empiriques, les superstitions, la croyance aux sorciers devaient persister longtemps encore dans les masses. De bas en haut leur influence se faisait ressentir sans que chacun cherchât à s'en préserver.

Messire Fergon, *vir sua doctrina illustratus*, dit Ferrand, et secrétaire du duc de Montpensier étant affligé de la pierre, but longtemps et assidûment une potion de racine de crynge, et grâce à ce remède, fut totalement débarrassé des calculs qui l'incommodaient.

Les Fergon, seigneurs de la Pataudière, fief important assis entre Richelieu et Champigny-sur-Veude dont il relevait, étaient au service des Bourbon-Montpensier. Étienne Fergon, celui dont parle notre médecin, homme de confiance des ducs de Champigny, marié à Perrine Ferrand, est nommé dans le procès-verbal de la Coutume de Poitou de 1559; il y représentait les intérêts de Louise de Bourbon, duchesse de Montpensier, et de son fils Louis à cause de leur vicomté de Brosse. C'est ce même Fergon qui fit assassiner à Paris, lors du massacre de la Saint-Barthélemy, Charles Chevalier, seigneur des Prunes, général des Finances de Languedoc, en résidence à Poitiers, dont il convoitait l'opulente charge, qu'il obtint l'année suivante. Un acte de baptême inscrit sur le registre 69 de la paroisse de Saint-Didier (p. 118) nous révèle la présence d'Étienne Fergon à Poitiers. Cet acte mérite d'être rapporté ici.

« Le 13 mai 1573, fut baptisée Marguerite, fille de Simon Bonillon, maître tailleur, et de Perrine Martine, de la paroisse de céans; parrain noble homme Étienne Fergon, seigneur de la Pataudière et de Signy, receveur général des finances de Poitou; marraines : Mlle Marguerite de la Grenaisie et Jeanne d'Alençon. »

Ce personnage mourut à Benêt (Vendée) le 23 septembre 1574. Il accompagnait alors le duc de Montpensier. Le *Journal historique de Denis Généroux,* publié par M. Ledain, nous l'apprend à la page 127. Sa femme décéda vers 1587 (1). —En 1566, Étienne Fergon possédait dans le Châtelleraudais, paroisse de Sérigny, le fief de la Tour-Légat (2), relevant de la baronnie de Faye-la-Vineuse. On y voit encore des ruines. Un de ses derniers propriétaires, M. Duffaud de Saint-Étienne, fut ingénieur en chef dans le département de la Vienne.

Enfin, pour terminer l'énumération déjà trop longue de ses cures, de ses dissections, de ses expériences et de ses remèdes, Jean Ferrand nous apprend qu'un avocat du nom de Mazières, après avoir pris la potion dont il avait composé la formule rejeta en sortant du bain des cailloux mêlés de sang et fut guéri. L'apothicaire Mathurin Demairé avait préparé l'ordonnance (3). Pour couronner son œuvre par un sage conseil, notre prudent docteur recommande aux vieillards de ne point abuser des vins généreux parce que, dit-il, « vina crassa bibentes, in calculi incidunt.

Telle est l'esquisse générale du livre de Jean Ferrand, sur les néphrites et la pierre. Sous ce rapport particulier son expérience et son adresse lui avaient créé dans nos contrées un certain renom. Et, nous le répétons, nous n'avons extrait de son œuvre que les faits locaux, craignant de fati-

---

(1) Etienne Fergon et Martine Ferrand eurent quatre enfants : Martin, Suzanne, Louise et Isabelle. Martine Ferrand était la sœur de Jacques Ferrand, sieur de Panzoult, ainsi que Charlotte, veuve du « feu sieur vicomte de Mortaing. » Cette dernière et ses neveux héritèrent de Jacques. Nous donnons le texte de ce partage sous le n° 34 des pièces justificatives.

(2) *Arch. Vienne.* E¹, 773 (fonds de Touchimbert) 1586, — description de la Tour-Légat.

(3) Dans les archives de la ville de Poitiers on trouve à l'année 1592 une pièce revêtue des acquits de Mᵉ Etienne Thevet, chirurgien, et de Mᵉ Mathurin Demairé, apothicaire, pour le traitement et les médicaments de trois soldats brûlés à la prise de Masseuil. Ce dernier, « qui délivrait des médicaments sans ordonnance de médecin et qui s'ingérait de saigner et traiter les malades, » eut à se défendre d'un procès que lui intenta la faculté de médecine de Poitiers.

guer le lecteur de détails professionnels sans valeur pour
la science moderne et sans intérêt historique pour notre
sujet.

Voilà comment le médecin se présente à nous, examinons quel a été le père de famille.

V

LES NEUF ENFANTS DE JEAN Ier FERRAND ET DE LOUISE RASSETEAU

Le 12 août 1567, Jean Ferrand et Louise Rasseteau, sa
femme, « en considération des bons et agréables plaisirs
et curialités qu'ils s'étaient faits pendant leur existence... »,
se donnèrent sans réserves l'un à l'autre ; puis, le 15 mars
1569, quelques mois avant le siège de Poitiers par les protestants, se sentant vieillir, les deux époux, qui avaient toujours vécu dans une intimité conjugale exemplaire, firent un
testament où ils attribuèrent à chacun de leurs enfants une
part égale. Claude Ferrand, l'aînée des filles, alors veuve
du médecin châtelleraudais Pierre Descartes, ne fut point
oubliée.

Le texte de la donation de 1567, complétée par le testament de 1569 (1), passés et insinués l'un et l'autre à Poitiers où le docteur et sa femme, déjà fort âgés, demeuraient
alors, paroisse Saint-Étienne, ont pour notre sujet une
réelle importance. C'est ainsi que le second de ces actes

(1) Pièces justificatives nos 2 et 3.

contient les noms de tous les enfants de Jean Ferrand et de Louise Rasseteau.

Dans ce document original se reflète la sollicitude des parents à l'égard de leurs nombreux enfants. Les deux époux se font une obligation réciproque par un sentiment de justice distributive bien naturel de compléter les dots de leurs filles mariées à cette époque. La veuve du médecin Pierre Descartes reçoit quelques rentes générales dont les débiteurs sont nommés.

Parmi ces rentes qui, d'après la coutume locale, représentaient un domaine immobilier par sa nature, il en figure une de quinze livres tournois (la livre tournois valait alors 3 fr. 62 c.) sur une maison située à Châtellerault, contiguë à celle des Descartes, due par une certaine Jeanne Rasseteau, veuve de Jean Terrasse, « sommelier d'échansonnerie du commun ». Ce modeste officier de la maison du roi a son historiette. Il était bien vu de François Iᵉʳ, qui de temps à autre lui octroyait quelque don pour rémunérer sa charge, son zèle et ses complaisances. Ainsi, le 16 septembre 1532, il lui accorde cinquante écus d'or au soleil ; quelques années après deux cents. En janvier 1542 Jean Terrasse reçoit les biens confisqués d'Antoinette Desménils, condamnée à être brûlée vive par sentence du sénéchal de Poitou, Antoine des Prez de Montpezat. Et comme la fortune de cet échanson vient de la ruine des autres, le roi lui donne encore le 10 juillet 1543 cent écus d'or au soleil à prendre sur le produit de la vente de l'office de sergent royal en la sénéchaussée de Poitou, vacant par suite de la forfaiture de Pierre Moreau condamné aux galères. Les familles cherchent naturellement à s'élever ; l'ambition les y pousse. La fille du sommelier châtelleraudais enrichi épousa un conseiller du roi, Léonard Thomas, qui fut procureur général au parlement de Dijon (1).

Au seizième siècle, le produit des amendes et des confiscations trop souvent arbitraires alimentait grandement le trésor royal et les favoris de la cour en profitaient dans une mesure qui n'avait pour règle que le bon plaisir et les fantaisies du souverain. Le trésorier de l'Épargne n'avait alors rien à débourser. Les prodigalités de François Ier sont trop connues pour qu'il soit utile d'insister sur ce point.

Puisque nous connaissons, autant qu'il est nécessaire pour l'intelligence de cette étude, les faits et gestes du bisaïeul de René Descartes du côté des Ferrand, le moment semble venu d'entrer en rapport avec ses enfants au nombre de neuf, quatre garçons et cinq filles.

L'aîné des fils prénommé Jean, comme son père, fournit une carrière brillante dans la médecine et fut très apprécié de Charles IX qui l'anoblit en janvier 1574 « attendu, dit le Roy, que nostre amé et féal conseiller et l'un de nos médecins ordinaires, Jean Ferrand, nous a faict infinis, bons et agréables services à la suite de nostre très cher et amé le Roy de Pologne en toutes les armées qu'il a conduites pour nostre service, par le certain témoignage que nostre dit frère nous a rendu, et ce, tant à la sollicitude que d'aucuns princes, seigneurs et gentilshommes estant malades auprès de luy. »…. Sur le vieux parchemin sont peintes les armes des Ferrand : *d'azur à trois épées d'argent garnies d'or rangées en pal, celle du milieu la pointe en haut, les deux autres renversées, à la fasce d'or brochant sur le tout.*

(1) Les Thomas sont sortis de Magnac et tirent l'origine principale de leur noblesse de Léonard, dont il est ici question. Pierre Robert du Dorat, dans ses *Mémoires.* (D. Fonteneau, t. XLV, pp. 667 et s.) rappelle qu'il avait épousé Louise Thomas, fille de Paul Thomas, sénéchal de robe longue à Montmorillon.

Leur devise était : *Non ferient sed tueantur.*

Ces lettres de noblesse furent confirmées à Reims le 18 février 1575 par Henri III, sacré cinq jours avant. — C'était un don de joyeux avènement (1).

Mais déjà, le 20 février 1563, la reine-mère, Catherine de Médicis, avait nommé Jean II Ferrand, son conseiller et son médecin ordinaire, employant à son égard les termes les plus flatteurs. Le texte de la commission en est la meilleure preuve (2).

Nous avons encore sur cet aîné des Ferrand quelques indications que nous extrayons d'un contrat passé devant Jean de Sairigné, notaire en la cour du scel établi à Châtellerault, à la date du 24 septembre 1580. A cette époque « noble homme Messire Jehan Ferrand, docteur en médecine, médecin ordinaire du Roy et de Monseigneur le duc de Montpensier (3), achète de Messire François Le Roy, Seigneur de Chavigny, comte de Clinchamp, chevalier de l'ordre du roy, conseiller en son conseil d'État (4) pour le prix et somme de douze cents écus sol, payables comptant, le lieu et maison noble de Soudun, en la paroisse de Jaulnay, pays et ressort de Saumur, mouvans lesdits lieux de la Sei-

---

(1) *V.* pièce justificative n° 4.
(2) *V.* pièce justificative n° 5.
(3) Louis II de Bourbon marié à Jacqueline de Longwy; François, son fils, eut le duché de Châtellerault en 1583.
(4) Les Le Roy de Chavigny étaient d'ardents catholiques très dévoués à leurs princes. Le personnage dont il est question dans la pièce ci-dessus fut aussi lieutenant général de Touraine, capitaine des gardes du roi et gouverneur de Chinon en 1588. Il eut beaucoup à souffrir des méfaits des protestants qui, par vengeance, incendièrent son château de Chavigny, sur les confins du Loudunais en 1568. — Nous avons raconté dans une étude sur *la baronnie de la Touche-d'Avrigny* (*Mém. Ant. de l'Ouest*, t. IX, année 1886, p. 235) comment un de ses ancêtres, Guyon Le Roy, seigneur du Chillou, vice-amiral de France, devint propriétaire du fief important de la Touche d'Avrigny en Châtelleraudais, confisqué sur le connétable Charles de Bourbon, qui avait trahi François Ier.

gneurie de Javarzay. Cette vente eut lieu à Châtellerault, en la maison de l'acquéreur où demeurait alors Me Michel Ferrand, juge et lieutenant général pour le roi et madame la duchesse de Châtellerault (1).

Ce dernier, d'abord avocat à Poitiers, ensuite conseiller au Présidial de la même ville de 1573 à 1577, fut lieutenant général à Châtellerault de 1578 à 1606. Le 14 janvier 1595, un arrêt du conseil d'État le déchargeait d'une somme de 150 livres à laquelle il avait été taxé pour jouir de l'exemption des tailles accordées aux lieutenants des baillis et sénéchaux « attendu le peu de valeur de son office (2) ».

A la date du 23 juillet 1598, nous voyons ce magistrat figurer dans un compte de dépenses pour une modeste somme de treize livres tournois afférente à ses gages.

A ce moment Pierre Calvin était avocat du roi en l'élection de Châtellerault, Jean Berthelin, procureur aussi du roi, Louis Marivin, receveur ordinaire du domaine du duché (3).

On le sait, Michel Ferrand, était le second fils de Jean Ier et de Louise Basseteau. Il avait épousé Marie Dupuy (4) héritière du seigneur de Sossay, receveur des tailles en la généralité de Poitiers. Magistrat laborieux et distingué, il joua un rôle prépondérant au milieu de ses frères et sœurs. Sa science juridique et sa grande habitude des affaires le rendent l'arbitre des difficultés soulevées par les héritages de la famille. C'est l'homme de la transaction qui redoute d'autant plus les procès qu'il en connaît mieux les funestes

(1) *Archives d'Indre-et-Loire*, H, 450.
(2) *Inventaire des arrêts du Conseil d'Etat*, règne de Henri IV, t. Ier, no 1594.
(3) *Arch. Vienne*, E², 170.
(4) Appelée aussi Marthe ou Catherine sur certains documents ; son véritable prénom était Marie.

conséquences. Rappelons dès à présent qu'il signa à la Haye en qualité de grand-oncle et de parrain, le 3 avril 1596, l'acte de naissance de René Descartes.

Michel Ferrand mourut en 1606. Il résulte en effet d'un acte authentique du 16 mars 1607 que Marie Dupuy, alors veuve de Michel Ferrand, seigneur de Beaufort, transigea sur procès avec Pierre de Guyneuf, mari de Louise de la Gaubertière, seigneur de Collay et de L'Épinette. (*Arch. Vienne*, E², 31.)

De concert avec Antoine, un de ses frères, dont nous parlerons tout à l'heure, il prit le soin de faire imprimer l'ouvrage *De febribus libellus*, sorte de compilation indigeste due à la plume de leur aîné Jean. Les auteurs ayant écrit sur la matière y sont tour à tour cités et le petit livre est dédié à Henri de Bourbon, pair de France, duc de Montpensier.

La parole est ici au magistrat châtelleraudais. L'humilité un peu trop accentuée de ce factum destiné à attirer sur les siens les faveurs des Montpensier prouve surabondamment que les officiers de judicature et autres du duché de Châtellerault trouvaient dans les seigneurs de Champigny-sur-Veude de généreux protecteurs. Michel Ferrand s'exprime en latin, nous l'écouterons en français.

« Mon père, Jean Ferrand, ayant soigné avec succès la très chrétienne reine de France, Éléonore (1), fut attiré par de grandes largesses auprès de votre aïeul, Louis (2), afin

___

(1) Eléonore d'Autriche, sœur de Charles-Quint, seconde femme de François Iᵉʳ, veuve d'Emmanuel, roi de Portugal, mariée en 1530, morte en 1558.

(2) Louis II de Bourbon, duc de Montpensier, pair de France, seigneur de Champigny-sur-Veude, où il mourut le 23 septembre 1582 et fut enterré dans la Sainte-Chapelle du château de Champigny. « C'était un prince généreux, amateur du repos de la France et très fidèle serviteur du Roy. » (*Journ. de Henri IV*, t. I, p. 371.)

de veiller à sa santé. Il eut pour successeur dans cette fonc-
tion, comme par droit héréditaire, mon frère aîné, Jean Ferrand, à qui d'illustres princes, votre aïeul Louis et votre père
François (1), confièrent le soin de leur santé. Ils le tinrent
en honneur et le firent inscrire sur les registres du médecin
du roi. Les bienfaits de ces princes lui ayant assuré des loisirs, il les employa à écrire. Il nota beaucoup de choses empruntées à divers auteurs et relatives à la médecine. Dans
tout cela j'ai puisé le *Livre sur les fièvres* que je vous offre
humblement prosterné à vos genoux comme un présent qui
vous est légitimement dû par un serviteur né dans votre
maison et y ayant grandi. J'agis ainsi d'autant plus volon-
tiers que j'ai à cœur de vous laisser un témoignage de mon
attachement. Je désire beaucoup, en effet, célébrer le renom
de votre illustre famille qui m'a été pour ainsi dire confié
par mon père et par mon frère aîné. Je veux rester sous
cette dépendance aussi chère que glorieuse et la transmettre
à mes héritiers. Je me proclame donc à jamais votre féal et
votre client et je vous confie ma personne, ma fortune et mes
enfants. Je fais la même promesse et je prends le même enga-
gement pour mon frère Antoine, lieutenant particulier au
Châtelet de Paris. Il s'engage donc à votre égard et accom-
plira plus tard la promesse que je fais en son nom. Adieu, fleur
immaculée du sang royal ; employez nous tous les Ferrand,
car non seulement nous sommes à vous par notre dépendance et par nos serments, mais aussi par nos travaux et

(1) François, duc de Montpensier, seigneur de Champigny-sur-Veude, mort
en 1592, enterré aussi dans la Sainte-Chapelle. Le duché de Châtellerault lui
avait été cédé en 1583. Il était le père de Henri, duc de Montpensier, de Châtellerault, pair de France, seigneur de Champigny-sur-Veude, né le 12 mai
1573, mort à Paris le 27 février 1608, inhumé comme les autres Montpensier
dans la Sainte-Chapelle. C'est à lui, nous le répétons, que fut dédié le petit
traité *De febribus libellus.*

leurs fruits. — Châtellerault, la veille des calendes de novembre de l'an de salut 1601. »

L'imprimeur à Paris des œuvres médicales des Ferrand, Michel Sonnius, rue Jacob, à l'enseigne de Saint-Jacques, nous fournit aussi dans son avis préalable au lecteur des renseignements précis sur la famille en question, bien qu'il répète ce que vient de dire Michel Ferrand, mais dans un style moins ampoulé. En commerçant avisé il loue le livre sorti de ses presses, c'est tout naturel. La réclame a été de tous les temps. Les produits de l'esprit humain ne se vendent pas le prix qu'ils valent, mais celui que la mode et l'opinion leur attribuent.

Voici le petit boniment de notre imprimeur :

« Jean Ferrand, fils, dit-il, médecin du roi et des ducs de Montpensier, a recueilli dans divers auteurs plusieurs choses relatives à certaines branches de la médecine. Il se préparait à les mettre en ordre et à les publier quand une mort subite renversa tous ses projets. Ces écrits gisaient inaperçus sur le sol dans la poussière et allaient bientôt disparaître si Michel Ferrand, frère du défunt, lieutenant général de la Sénéchaussée de Châtellerault, ne les avait soustraits à un éternel oubli. Il en a extrait ce petit ouvrage sur les fièvres qu'il a pris soin de faire imprimer afin que si vous en tirez quelqu'avantage, il publie aussi les autres travaux de son frère qui sont très nombreux. Il n'a rien épargné pour favoriser vos études. De son côté, Antoine Ferrand, excellent juge, lieutenant civil et criminel au Châtelet, a apporté tous ses soins à tirer ces écrits de la poussière et à les mettre au jour. Ces trois frères paraissent avoir travaillé si ardemment à votre profit que, pour faciliter vos études, Jean, l'aîné y a consacré sa vie, Michel sa fortune,

Antoine son entière sollicitude, ses efforts et ses soins. —
En conséquence, si vous retirez quelque fruit de ce livre,
remerciez en les Ferrand ; dans le cas contraire tenez leur
compte de leur générosité et de leurs bonnes intentions. »
— Sur ce, l'imprimeur Sonnius prend congé de ses lecteurs
qu'il invite à prier pour tous les Ferrand si jaloux du bien
public.

Le troisième fils de Jean Ferrand s'appelait Antoine. Il
forma la seconde branche de la famille dont Michel représentait la première. On se rapelle que l'aîné Jean II, son frère,
était mort sans postérité. Antoine épousa, le 24 mai 1571,
Madeleine Vallée, fille d'un examinateur et commissaire au
Châtelet de Paris (1). Avocat au Parlement, il fut ensuite
lieutenant au susdit Châtelet.

En 1605 et le 29 novembre, un arrêt du conseil du roi
réunissait les deux offices de lieutenant particulier assesseur criminel et de lieutenant particulier civil au Châtelet
dont il était pourvu, et un autre arrêt du 6 avril 1610 ré-
glait le paiement de ses gages (2).

Son fils, Antoine II, lieutenant particulier au Châtelet,
épousa le 8 mai 1603 Marguerite Morot, dont vint Nicolas,
reçu auditeur des comptes le 13 août 1641 au lieu de Nicolas
Colbert; conseiller d'État le 13 juillet 1656 il reçut des lettres
d'honneur en juillet 1688. — Sa femme s'appelait Colombe
de Périgny. Leur fils Michel épousa d'abord Anne Lecomte
dont il eut une fille épouse du marquis de Razilly, lieutenant
général en Touraine et sous-gouverneur des enfants de
France. Ce même Michel convola une seconde fois avec

(1) V. pièce justificative n° 6.
(2) *Invent. des arrêts du Conseil d'État*, règne de Henri IV, t. II. n°ˢ 9756 et
16533.

Marie Geneviève du Drac, le 6 janvier 1681. De cette branche descendit François Ferrand, chargé de la recherche, dans la généralité de Poitiers, du titre de noblesse ordonnée. par les déclarations du roi les 4 septembre 1696, 30 mai 1702, 30 janvier 1703 et 16 janvier 1714. Quantin de Richebourg était alors intendant du Poitou (1712-1716). (V. Dom Fonteneau, t. XXIII, p. 473.)

Le dernier garçon du vieux médecin de la reine Éléonore portait le prénom de Louis et est qualifié écuier, seigneur de la Fouchardière.

D'après les papiers de famille que nous avons consultés, Louis Ferrand aurait été en 1570 chanoine de l'église collégiale de Notre-Dame de Châtellerault, sans avoir reçu les ordres majeurs ; plus tard renonçant à la cléricature il exerça la profession d'avocat à Poitiers et enfin se maria avec Marguerite Cothereau, dame de la Sablonnière, fille du lieutenant du siège de Lusignan. Il décéda sans postérité avant 1587 et sa veuve figure en 1593 dans le partage des successions échues à ses frères et sœurs.

La famille Cothereau portait : *d'azur, à un coq d'or, sur un rocher de sinople dans des ondes d'argent.* — D'Hozier, *Armorial du Poitou.*

Voilà pour les quatre garçons de Jean Ferrand, et il ne nous reste plus qu'à nous expliquer sur chacune de ses cinq filles, Claude, Martine, Catherine, Jeanne et Louise.

La première sera l'objet de développements particuliers, justifiés par le rôle capital qu'elle joue dans cette étude.

VI

MARIAGE DE PIERRE DESCARTES AVEC CLAUDE FERRAND

L'alliance de Claude Ferrand avec le médecin Pierre Descartes nous livre le secret des origines châtelleraudaises des ancêtres du grand philosophe.

Le contrat de mariage ou pour mieux dire des fiançailles qui précéda l'union religieuse est à la date du 3 octobre 1543. Nous en donnons le texte authentique bien fait pour exciter la curiosité (1). Cette fille de Jean Ferrand et de Louise Rasseteau avait « l'âge de unze à douze ans » quand intervinrent les conventions matrimoniales entre ses parents et Pierre Descartes, « docteur en médecine, à présent demeurant à Châstellerault ». Toutefois, le mariage ne devait être consommé que quand la jeune fille aurait l'âge nubile « les solempnitez de l'Esglise premièrement observées et gardées ». D'après les lois ecclésiastiques en vigueur, il fallait pour se marier avoir atteint l'âge de puberté, mais pour se fiancer, c'est-à-dire pour se promettre réciproquement de s'épouser, il suffisait d'avoir l'âge de raison. Puis la bénédiction nuptiale du prêtre consacrait devant l'église les engagements respectifs des parties. Enfin l'âge fixé par les lois civiles pour présumer la puberté était celui de douze ans accomplis pour les filles, de quatorze ans pour les garçons. Le texte des fiançailles que nous donnons est entièrement conforme aux coutumes du Poitou (2). En outre,

1) *V.* pièce justificative nº 7.
2) V. *Coutumes de Boucheul,* t. I, p. 719, nº 134. — Impubères ne peuvent contracter mariage, 135. — Mariage contracté avant la puberté quand est valable. — *V.* aussi *Coutumes de Lelet,* p. 499.

les époux devaient être communs en biens selon les coutumes précitées. Si le mari prédécédait, il assignait à sa femme un modeste douaire de trente livres tournois de revenu. Évidemment Pierre Descartes n'était pas riche. De son côté, Claude recevait en dot six cents livres tournois et un trousseau évalué au sixième de cette somme. Nous n'entrerons pas dans les autres détails du contrat. Aucun des parents du jeune médecin n'y figure. Était-il orphelin ou avait-il été abandonné par sa famille; — nous l'ignorons encore.

Cependant les explications dans lesquelles nous allons entrer jetteront quelque lumière sur ce point obscur sans en donner une solution complète.

D'après Baillet, Pierre Descartes était fils de Jean et de Jeanne Dupuy, fille et héritière d'un cadet de la maison de Vatan, en Berry (1). Cette bisaïeule de notre philosophe étant morte assez jeune, son mari serait passé à de secondes noces sans avoir augmenté sa famille par ce nouveau mariage. Ropartz, donne lui-même pour mari à Jeanne Dupuy un Gilles Descartes. Jean et Gilles paraissent être le même personnage et ces deux biographes de la famille Descartes se trouveraient d'accord. Ainsi s'expliquerait le complet isolement dans lequel se trouvait le fiancé de Claude Ferrand lorsqu'il se maria à Châtellerault en 1543. Sa mère étant décédée, son père aurait de nouveau convolé sans se préoccuper de son fils, lequel dut se tirer lui-même d'affaire en exerçant la médecine à Châtellerault où il s'était préparé une belle situation en épousant la fille d'un praticien renommé dans la contrée.

(1) A la date du 16 janvier 1520, nous trouvons un certain Pierre Dupuy, sieur de Vatan, gouverneur et bailli de Berry (*Actes de François Ier*, n° 17218).

VII

LA MÉTAIRIE LES CARTES, PRÈS LES ORMES-SAINT-MARTIN

Une des préoccupations du jeune ménage châtelleraudais fut d'agrandir la maison rurale des Cartes, petit fief ayant dépendu d'abord de Nouâtre en Touraine, puis de Mousseaux en Poitou, et dont le mari de Claude Ferrand semble tirer son nom.

C'est ainsi que, le 2 février 1553, Guillaume Davy du village de Colombiers, paroisse de Poisai-le-Joli, vendit à « Maistre Pierre Des Cartes, docteur en médecine, demourant en la ville de Chastellerault », deux pièces de terre situées au lieu appelé Ribon et tenant aux Cartes. L'acte fut passé au bourg « des Hommes Saint-Martin (1). »

Onze ans plus tard, le 10 juin 1564, alors que Pierre Descartes avait déjà ressenti les graves atteintes de la pierre auxquelles il succombait en 1566, sa femme réalisa au nom de son mari une seconde acquisition au même lieu de Ribon. Un sieur Louis Lhomier et consorts vendent à « noble

(1) V. pièces justificatives nᵒˢ 8 et 9. Ces chartes proviennent du château des Ormes. Elles ont été offertes à la *Société des Antiquaires de l'Ouest* par M. le marquis d'Argenson. La présence de ces documents entre ses mains s'explique ainsi : « Le 22 décembre 1768, à Nouâtre, les abbés et religieux de l'abbaye de Noyers cédèrent la maison et la seigneurie des Cartes à Mgr Marc-René de Voyer, de Paulmy, d'Argenson, moyennant une rente foncière annuelle et perpétuelle..... (*Arch. Indre-et-Loire*, H, 427.)

Le 23 mars 1823 la pièce de terre Des Cartes fut vendue par le marquis d'Argenson à la famille Marnay des Ormes, qui la détient encore dans la personne de M. Adrien Marnay, un notable de la commune.

Antérieurement aux dates qui précèdent, le fief Des Cartes serait resté entre les mains de la famille de ce nom jusqu'en 1641, puis dans le cours de l'année 1642 Pierre Descartes, un des petits-fils du médecin châtelleraudais et frère aîné de René, l'aurait vendu à René Auron, puis il aurait été possédé par Jacob Chamois, marchand à Châtellerault en 1661.

homme Pierre Descartes; docteur en médecine, absent, stippulant et acceptant pour luy honnorable femme Claude Ferrand, sa femme, demourant aud. Chatellerault ». — Cette pièce de terre confinait au fief de l'Éperon (1) mouvant de la seigneurie de la Sellerie, appartenant à l'abbaye de l'Étoile.

Sur le verso de la pièce n° 9 se lisent diverses annotations fort anciennes dans lesquelles Pierre est qualifié seigneur des Cartes (2).

La métairie de ce nom existait encore à la fin du siècle dernier. Elle figure sur la planche 47 d'un atlas des fiefs des églises de Notre-Dame et de Saint-Romain de Châtellerault, dans la paroisse de Poizay-le-Joli (3).

Il ne reste rien, absolument rien, de la métairie Les Cartes, si ce n'est son emplacement accusé par une légère dépression du sol, quelques débris frustes de pierres, de tuiles et un puits comblé par prudence. La charrue utilitaire a tout nivelé mais sans effacer le souvenir du grand

---

(1) *Léperon*, carte de Cassini, à proximité de la Creuse, rive gauche, non loin et au nord des Cartes. Aujourd'hui commune de Port-de-Piles, cet ancien fief, comme celui des Cartes, dépendait de Mousseaux.

(2) Ropartz, *La Famille Descartes en Bretagne* (pp. 5 et 7), dit que Pierre, Descartes, le médecin châtelleraudais, avait justifié de son origine nobiliaire devant la cour des aides de Paris, et que par arrêt du 4 septembre 1547, il avait été exempté de la taille en sa qualité de noble. Ce document eût pu nous éclairer sur les ancêtres du célèbre philosophe; nous en avons vainement réclamé la copie aux archives nationales où il ne se trouve pas à la date susindiquée.

Sur les pièces authentiques auxquelles nous nous référons dans cette étude, Pierre Descartes est ainsi qualifié :

3 octobre 1543, honorable homme et saige maître, Pierre Descartes, docteur en médecine, écuier.

2 février 1555, maître Pierre Descartes, docteur en médecine.

10 juin 1564, contrat de vendition faite au seigneur Des Quartes.

15 mars 1569, Pierre Descartes en son vivant docteur en médecine.

17 septembre 1593, Claude Ferrand, veuve de feu noble homme Pierre Descartes, vivant docteur en médecine.

23 septembre 1593, messire Pierre Descartes, vivant docteur médecin.

(3) *Arch. Vienne*, G. R, 188.

philosophe qui n'y vint probablement jamais. Ce domaine
rural, assis en plaine et assez étendu, a été dès le dix-
septième siècle divisé, subdivisé et soumis à une culture
intense. A proximité, se trouve le village des Ouches, ancienne seigneurie dépendant de Mousseaux. De là on aper-
çoit la ferme de l'Éperon, Nambon et des habitations dis-
séminées dans l'angle formé par le confluent de la Creuse
avec la Vienne, cachées derrière les ondulations du terrain.
Au loin on remarque, émergeant sur un gai coteau, la Celle-
Saint-Avant et ses blanches constructions qui lui donnent
l'apparence trompeuse d'une petite ville. Ce bourg tourangeau naquit au onzième siècle sous l'impulsion féconde et
civilisatrice des moines de l'abbaye de Noyers, qui se fit
ressentir jusque dans le Châtelleraudais. A droite et à huit
kilomètres des Cartes s'élève la petite ville de La Haye, qui,
à raison de son éloignement et de sa position, se dérobe
aux regards du touriste.

L'origine de la propriété du médecin châtelleraudais est
fort ancienne. En effet, le nom *Ad Quartas*, se trouve dans
le cartulaire de l'abbaye de Noyers (1), abbaye assise sur
les bords de la Vienne. Il en ressort qu'un certain Maingot,
du pays de Touraine, donne à l'abbé et aux moines les cens
qu'il recevait de Lambert de la Haye (2).

Cette forme antique *Ad Quartas*, traduite par Les Cartes,
s'est perpétuée jusqu'à nos jours et comme il n'est pas douteux qu'elle s'identifie avec le territoire situé entre l'abbaye
de Noyers et la Vienne, rive droite, il est permis d'admettre
que la famille Descartes en a tiré son nom au lieu de le lui
avoir imposé.

(1) Charte 69, année 1075, p. 82.
(2) *V.* pièce justificative n° 10.

On trouve en Haut-Poitou vingt-deux localités, maisons rurales, fermes, hameaux, villages, bois ou forêts appelés *Les Cartes* ou *La Carte* (1). En Touraine, il y en a près de cinquante, mais on n'y rencontre aucune famille ayant pris ce nom de terre, si ce n'est dans la commune de Sonzay où existait un ancien fief « Les Cartes » (2) ayant appartenu en 1105 à un certain Gautier Des Cartes, chevalier. Mais au point de vue généalogique il n'y a rien à induire d'une époque aussi reculée. On pourrait en conclure que les Descartes, dont les ascendants écrivaient leur nom en deux mots (3), tirent leur origine de l'antique fief des Cartes situé au nord du Châtelleraudais et non de la Touraine. De là diverses branches sorties de cette vieille souche se seraient répandues dans les contrées voisines et un de leurs membres, Pierre Descartes, le médecin Châtelleraudais, serait resté dans le Haut-Poitou conservant la terre de ses ayeux dont il portait le nom et était, par héritage, le seigneur. Cette hypothèse expliquerait certaines assertions de Baillet en même temps qu'elle donnerait quelque vraisemblance aux généalogies tourangelles qui ne nous ont pas encore positivement fixé sur les ascendants de Pierre Descartes, aïeul paternel de René.

Enfin l'abbé Chevalier, dans un essai très instructif *sur les noms géographiques en Touraine*, fait remarquer judicieusement que les dénominations de Carte ou Quart (4) sem-

---

(1) *La Quarte* était aussi une pièce de terre d'une certaine mesure, dans le Poitou, où de nombreux noms de lieux s'appellent *La Carte* (Godefroy, *Dict.* de l'ancienne langue française.)

(2) *Terra de Scartis, Feodum de Carlis, juxta Sonzaium* (Sonzay, canton de Neuillé-Pont-Pierre.)

(3) *V.* les signatures autographes de Joachim et de ses deux fils Pierre et René.

(4) *Mémoires de la Société archéologique de Touraine*, t. XV, p. xxi.

blent s'appliquer d'une manière plus spéciale aux exploita-
tions agricoles. « Si nous ne nous trompons, dit-il, c'était
un domaine rural dont le tenancier avait la jouissance à la
condition d'abandonner aux propriétaire le quart des récol-
tes, le reste représentant les frais de culture estimés à la
moitié du produit brut et le bénéfice du colon partiaire. »
Dans le Montmorillonnais, où les vieux usages sont tenaces
et où se rencontrent nombre de localités s'appelant les Cartes,
on se sert encore du mot quarte pour désigner une mesure
qui n'a pas survécu au nouveau système métrique.

Dans la commune de Port-de-Piles, voisine de celle des
Ormes, il existe une ferme appelé le Quart.

Ces détails ne semblent-ils pas prouver que la famille
Descartes est sortie d'un milieu rural. Baillet a rappelé que
dans le principe cette ancienne maison s'était divisée sous
le règne de Charles VII en deux branches, en aînés, qui
surent se maintenir nobles, et en puînés, qui furent obligés
d'entrer dans le négoce pour vivre. Le médecin châtelleraudais selon toute apparence sortait de cette dernière branche.
Les circonstances de son mariage ignorées de l'historiographe
précité confirment d'ailleurs son opinion sous ce rapport.

VIII

DIVERSES GÉNÉALOGIES DES DESCARTES

Si on se rapporte à Chalmel, Gilles Descartes, sieur de
Châtillon (1), bourgeois de Tours, fut maire de cette ville

(1) Commune de Courçay (Indre-et-Loire). Ancien fief dont le logis seigneu-
rial a été détruit. En 1522 il appartenait à Gilles Descartes, maire de Tours;
— en 1666 à Claude de Changy, veuve d'Astremoine Bourgault, etc. (*Dict.*
Carré de Busserolle.)

pendant trente-sept jours. Il prêta serment le 1ᵉʳ novembre 1522 et mourut le 22 décembre de la même année. Le 8 août précédent, François Iᵉʳ ayant ordonné l'enlèvement du treillis d'argent qui entourait le tombeau de Saint Martin, Gilles Descartes, qui n'était alors qu'échevin, concourut à cet acte de vandalisme rapporté dans un procès-verbal du chapitre.

D'après l'auteur tourangeau Gilles aurait été le bisaïeul de René, ainsi qu'il résulte du tableau généalogique suivant :

I

« Gilles Descartes, maire de Tours, eut pour fils :

II

Gilles Descartes, prêtre, trésorier de la cathédrale de Tours, par la cession que lui fit de cette dignité, en 1511, Jean de Lénoncourt.

II

Noble homme Pierre Descartes, médecin, qui épousa Claude Ferrand, de Châtellerault, dont il eut :

III

Joachim Descartes, conseiller au Parlement de Rennes, marié le 15 janvier 1589 à Jeanne Brochard, fille de René, lieutenant général de Poitiers, époux de Jeanne Sain, de la famille des Sain, de Bois-le-Comte.

Joachim eut deux fils et une fille :

IV

Pierre Descartes, aussi conseiller au Parlement de Rennes, marié à Marguerite de Chohan par contrat du 17 septembre 1624 (1).

---

(1) C'est la date du contrat de mariage; les fiançailles eurent lieu le 25 septembre et les noces le lendemain.

IV

René Descartes, sieur du Perron, né le 31 mars 1596, mort sans postérité en 1650. »

Une autre généalogie composée vers le milieu du dix-septième siècle pour les Descartes, conseillers au parlement de Bretagne, établit ainsi qu'il suit les premiers degrés :

I

« Gilles Descartes, fils de Pierre, seigneur de Mauny (1), sa femme Marthe Gillier.

Ils eurent une fille : Anne, dame des Hommes (des Ormes), des Cartes et du Plessis Bonnay, près de Châtellerault, sœur de Françoise des Hommes, fille de N. et de Marguerite d'Illiers, femme de Saint-Laurent d'Avaugour (Lachesnaie-Desbois, p. 927, au mot *Illiers*) mariée à Charles de Maillé, seigneur de Villeromain (2), de l'Islette, du Plessy Bonnay, de Cessigny (3), et qui fit hommage en 1540 du droit d'usage qui lui appartenait dans la forêt de Chinon. — Il mourut en 1581.

II

Pierre Descartes, marié à Madeleine Taveau, dont :

(1) Ancien fief, commune d'Azay-sur-Cher.
En 1431, à Jean Desquartes.
En 1508, à Macé Descartes.
En 1520, à Didier Descartes.
En 1521, à Aliénor Descartes, femme de Jean Dupuy, écuier.
En 1530, à Didier Desquartes, qui vendit le domaine à François Miron, médecin du Dauphin.
En 1582, à Pierre Descartes.
En 1599, à Isabelle de Marais, veuve de Pierre Descartes, et à Céleste de Maillé, femme de Daniel de Marsay (*V. P. Anselme, IV, 458; Couhé, VI, 597 Demarsay*).
(2) D'après Carré de Busserolle, au mot *Islette*, Charles de Maillé était seigneur du fief de ce nom en 1531.
(3) Cessigny ou Sessigny, commune de Lerné (Indre-et-Loire).

III

Gilles Descartes (1), maire de Tours en 1522, marié à Madeleine Desmons, dont:

IV

Jean Descartes, marié à Jeanne Dupuy, vers 1510, dont:

V

Pierre Descartes, médecin à Châtellerault en 1543, mort en 1566. »

Un ancien fief du nom de Cangé, commune de Saint-Martin-le-Beau, relevant du château d'Amboise, apparte-nait en 1386 à Jean de Malicorne, à cause de sa femme, fille d'un Pierre Descartes.

Une autre généalogie ayant beaucoup de rapports avec celle qui précède nous a été fournie par la bibliothèque de l'Arsenal (manuscrit 2.153). Elle a pour titre : *Copie de la généalogie de M. Descartes présentée pour sa réception dans l'ordre de Saint-Lazare*. Puis suivent les détails que nous reproduisons tels qu'ils sont présentés dans le manus-crit :

« Cette maison est une des plus nobles et des plus anciennes de la Touraine et s'est même beaucoup étendue dans la pro-vince de Poitou et poussé ses branches en Berry, Anjou, Bretagne et Paris par le moyen des belles alliances quelle a contractées.

Branche aînée esteinte.

Pierre Descartes seigneur de Mauny en Touraine n'eut qu'une fille qui porta son bien hors de la famille et qui par

---

(1) Un Gilles Descartes était receveur des domaines à Tours en 1502.

son mariage passa dans la maison de Lillet ou Lillette (1) en Touraine, laquelle s'est trouvée depuis fondue dans celle de Maillé.

Branche cadette devenue l'aînée.

I

Pierre, seigneur de Mauny, en Touraine.

II

Gilles frère de Pierre épouse Marthe Gillier Dupuis Garreau (2).

III

Pierre épousa Magdeleine Taveau de Mortemer (3).

IV

Gilles épouse Marie Magdeleine des Mons.

V

Jean épouse Jeanne Dupuis de la maison de Vatan, en Berry.

VI

Pierre épousa Claude Ferrand.

VII

Joachim en première nopce Jeanne Brochard, mère de René le philosophe. En seconde nopce espouse Anne Morin.

VIII

Joachim fils d'Anne Morin espouse Marguerite Dupont.

(1) Commune de Cheillé, ancien fief relevant de l'Ile-Bouchard. De 1389 à 1583 a appartenu à la famille de Maillé.
(2) Puygarreau, château et village, commune de Sossay et Saint-Gervais. Ancien fief et haute justice relevant du duché de Châtellerault (*Dict. top.* de Rédet).
(3) Commune du canton de Lussac-les-Châteaux (Vienne).

IX

Pierre espouse Marguerite Rohan de Coecandec.

X

Joachim de Chavagne espouse Prudence Sanguin.

XI

Joachim épouse Marie Porée Duparc Duguesclin.

XII

François Joachim, seigneur de Kherleau.

Cette branche est sans enfants mâles.

Branche cadette.

Jean, seigneur de Beaulieu en Touraine.

Joachim son fils épouse Marie Dupuis Ferrand.

René épouse Françoise Duplessis Descartes.

Robert change d'armes et prend celles de Jeanne de Riantz, sa parente.

Gabriel épouse Jacqueline Descartes, sa parente.

Eustache épouse Gratienne de Massot Couprody.

Joachim épouse Pierrette Doublet.

Joachim épouse Marie de Pinsonneau, reprend ses anciennes armes avec celle de Riantz.

Joachim Nicolas épouse Marie Thérèse Dupasquier de Dommartin. »

Cette généalogie nécessite des explications qui s'appliqueront d'ailleurs à celle qui la précède immédiatement, mais dont elle diffère un peu.

On sait que le médecin Pierre Descartes, aïeul paternel de René, s'est marié à Châtellerault en 1543. A cette époque il aurait eu de vingt-cinq à trente ans et pour remonter à la souche de la branche cadette à laquelle il appartiendrait, il existe cinq degrés dont il forme le sixième vers 1520, le premier degré nous reportant au milieu du quin-

zième siècle époque relativement obscure, stérile en parche-
mins authentiques et à laquelle il n'existait pas de registres paroissiaux. Et cependant, d'après la généalogie de la
bibliothèque de l'Arsenal, Gilles, frère de Pierre, seigneur
de Mauny en Touraine aurait épousé une fille de la maison
de Puygarreau, Marthe Gillier, — son fils, Madeleine Taveau de Morthemer, — Gilles, Marie Madeleine Desmons
— Enfin Jean, qui pourrait bien être le père du médecin
châtelleraudais, aurait obtenu la main de Jeanne Dupuy de
la maison de Vatan. Sans aller en Berry emprunter des atta-
ches nobiliaires très discutables, il est plus logique d'admettre que cette Jeanne Dupuy appartenait à la bourgeoisie
du pays châtelleraudais et sortait d'une famille notable bien
posée dans la magistrature ou les finances.

Et ce qu'il y a de singulier dans ces rapprochements c'est
que la descendance masculine des Descartes aurait conti-
nué ses alliances en châtelleraudais puisque Pierre Descartes a épousé Claude Ferrand, Joachim son fils unique,
Jeanne Brochard, l'une et l'autre de Châtellerault même.

Quoi qu'il en soit et avant ces deux derniers mariages,
nous n'avons trouvé aucune marque authentique des susdites
alliances. M. l'abbé de Clisson (1), dont la compétence en matière de généalogies poitevines est indiscutable et qui a bien
voulu sur ce point, avec une extrême obligeance, associer ses
recherches aux nôtres, n'a rencontré aucune trace révélatrice
de ces alliances aristocratiques. Elles doivent, surtout en ce
qui concerne les premiers degrés, être considérées comme
apocryphes. Il est vrai que des noms tels que ceux des sei-

(1) Auteur de l'article *Descartes*, publié dans le *Dictionnaire des familles*,
de Beauchet Filleau, 2ᵉ édition. Cet ouvrage, travail considérable de patientes
recherches et de solide érudition ne saurait être trop consulté par ceux qui
écrivent sur le Poitou.

gneurs de Puygarreau, de Morthemer et de Monts n'étaient pas sans flatter agréablement l'oreille des descendants du premier Descartes, conseiller au parlement de Rennes, quand ils éprouvèrent le besoin de se créer une généalogie constellée des plus beaux noms du Poitou au quinzième siècle. D'ailleurs ils ne dérogèrent pas à leurs prétentions nobiliaires et à partir de 1624 ils contractèrent en Bretagne de riches et brillants mariages, que nous n'avons pas à énumérer ici nous en tenant aux origines de la famille.

J. Bernier, historien du comté de Blois, a écrit « que la famille de l'illustre Descartes, originaire de ce comté, fut transplantée en Bretagne et de là en Touraine par N..., père de René, seigneur de Piégu (1) et du Guérinet, anobli l'an 1611 (2) ». Une telle assertion nous inspire peu de confiance, les erreurs qu'elle contient y sont trop évidentes. Mais nous devons ajouter à ce texte cité par l'abbé Lalanne qui le rejette (3) la note suivante extraite des *Actes de François* Ier, n° 18.613 : « avril 1526, lettres de légitimation octroyées à François Descartes, fils naturel de feu Jean Descartes, seigneur de la Haute-Métairie, et de Jeanne Poitevin, *du bailliage de Blois*. Était-ce un membre de la famille Descartes dont parle Bernier, c'est possible, mais nous ne tirons de ce texte aucune conséquence. Nous sommes loin de croire que les ancêtres du philosophe sont venus de Blois, émigrant de là en Bretagne pour venir ensuite se fixer en Touraine.

N'oublions pas dans ces recherches de signaler encore une famille Descartes dont les intérêts se sont concentrés à Lencloître pendant le quinzième siècle (1447-1498). Les

---

(1) Commune de Ligueil.
(2) *Noms et armoiries des familles nobles originaires du comté de Blois transplantées en divers lieux*, p. 621, édition, in-4°.
(3) *Bulletin des Antiquaires de l'Ouest*, 1857, p. 231.

Archives de la Vienne en contiennent des preuves que nous reproduisons en extrait aux pièces justificatives (1). Nous ne les citons qu'à titre de renseignement et pour mettre sous les yeux du lecteur tous les documents de nature à faciliter la solution d'un problème généalogique intéressant. Il n'y a, en effet, aucune conséquence absolue à tirer de la conformité d'un nom aussi répandu que celui des Descartes qui se rencontre aussi à Tours, à Amboise, à Mauny (Azay-sur-Cher) et dans le Haut-Poitou, à moins qu'il ne puisse être rattaché solidement aux ancêtres du philosophe.

Examinons maintenant quel parti il y a lieu de tirer de ces diverses généalogies qui sont plus ou moins en désaccord avant l'apparition certaine de Pierre Descartes à Châtellerault, sans toutefois remonter aux premiers degrés indiqués dans les pièces justificatives.

Nous avons établi que Pierre Descartes, mari de Claude Ferrand, était le père de Joachim, par conséquent le grand-père de René. Sur ce point aucun doute ne peut subsister.

Il nous semble que remonter jusque-là, à l'aide de documents certains, est déjà quelque chose ; que c'est beaucoup de connaître le bisaïeul du philosophe du côté des Ferrand sur lesquels nous nous sommes appesantis, leurs alliances jetant un jour nouveau sur les origines châtelleraudaises de la famille Descartes. Les combinaisons généalogiques émanées des Tourangeaux n'ont évidemment pour but que de rattacher à leur province un nom devenu célèbre et qui prête à la confusion. Cependant nous inclinerions à penser que les ancêtres de Pierre Descartes sont de la Touraine d'où ils vinrent dans le Haut-Poitou au commencement du seizième siècle. Leur notoriété date de ce

(1) N° 11.

temps là ; qu'ils aient été nobles, bourgeois ou roturiers, peu importe. Sans René Descartes ils seraient restés dans l'oubli. Quelque texte formel pourrait seul renouer le fil encore brisé de l'ascendance du médecin châtelleraudais ; et nous le répétons, tout ce que nous pouvons faire aujourd'hui est de signaler l'incohérence des généalogies produites jusqu'à présent.

IX

LA DESCENDANCE DE PIERRE DESCARTES ET DE CLAUDE FERRAND

D'après les textes que nous avons cités, le mariage de Pierre Descartes avec Claude Ferrand est certain. Les fiançailles eurent lieu, nous le répétons, en 1543, mais l'époque à laquelle l'église les consacra nous échappe. La sollicitude prévoyante des parents de la jeune fille attendit sans doute que l'enfant « de unze à douze ans » eut atteint l'âge des aptitudes maternelles qui initient la femme à la vie réelle, à ses devoirs et à ses responsabilités.

De cette union vint un seul fils Joachim. Nous ignorons le lieu et la date précis de sa naissance, n'ayant sous les yeux aucune pièce affirmative de l'un et de l'autre. Mais comme les époux Descartes habitèrent la ville de Châtellerault, le mari vingt-quatre ans au moins, sa femme plus d'un demi-siècle, tout porte à croire que Joachim y a vu le jour en 1553, sur la paroisse de Saint-Jean-Baptiste; il aurait donc eu trente-six ans lorsqu'il se maria. Son fils aîné, Pierre, quoique né en Touraine, se déclarait poitevin et domicilié à Châtellerault, si on s'en rapporte au registre des mariages de la paroisse d'Elven cité par Ropartz, p. 67.

On y trouve, en effet, à la date du 25 septembre 1624, la
mention suivante : « Fiançailles entre Mre Pierre Descartes,
sieur de la Bretallière, conseiller du roi au parlement de
Bretagne, *de la paroisse de Saint Jean Baptiste, en la ville
de Châtellerault, diocèse de Poitiers*, et demoiselle Marguerite de Chohan, dame de Kerleau, demeurant depuis de
longues années dans la ville de Vannes. »

Joachim Descartes épousa Jeanne Brochard, le 15 janvier 1589. Cette dernière était fille de René, sieur de la
Coussaye, conseiller au Grand conseil, puis lieutenant général à Poitiers, mort le 6 juillet 1586, dix ans avant la
naissance de son petit-fils René. Ce membre distingué de
la nombreuse famille des Brochard, très répandue à Poitiers
et à Châtellerault d'où elle sortait, avait pour femme Jeanne
Sain, fille de Pierre, contrôleur des tailles dans la dernière
de ces villes, et de Jeanne Proust, marraine de René. Un
de ses cousins, Pierre Brochard, receveur des tailles à Châtellerault (1565), avait épousé Claude Sain, sœur de Jeanne.

Baillet, le curé Lalanne, l'abbé Chevalier et autres attribuent à René Brochard, sieur des Fontaines, la paternité
de Jeanne Brochard, femme de Joachim Descartes. D'après
la généalogie insérée dans le *Dictionnaire des familles du
Poitou*, ce René Brochard, sieur des Fontaines, n'était que
le frère de la mère du philosophe ; de plus il n'aurait jamais
été lieutenant-général de Poitou, mais bien simple conseiller au présidial à la place de Claude, son frère. En
effet, Ropartz, p. 105, dit : « peu de temps après le retour
à Paris de Descartes survint la mort de René Brochard,
sieur des Fontaines, son oncle maternel et son parrain. »
Décédé à l'âge de quatre-vingt-douze ans, il fut enterré
dans l'église Sainte-Opportune le 12 août 1648. Beauchet-

Filleau a consacré à ce personnage une intéressante notice. Nous nous bornerons à dire qu'il fut maire de Poitiers en 1589 et un zélé partisan de la Ligue.

En 1586, année de la mort de son beau-père, Joachim obtint une charge de conseiller au parlement de Bretagne, dont il était le doyen en 1622. Il mourut à Chavagne, au mois d'octobre 1640, à l'âge de quatre-vingt-sept ans et fut enterré dans l'église des Cordeliers, à Nantes.

A la date du 22 février 1577, le nom de Joachim Descartes se trouve sur le registre des baptêmes de la paroisse de Saint-Didier de Poitiers (1). Cet acte intéressant mérite d'être reproduit en *fac-simile*. Le signataire avait alors vingt-quatre ans et étudiait sans doute à l'Université de Poitiers, résidence de sa famille, du côté des Brochard.

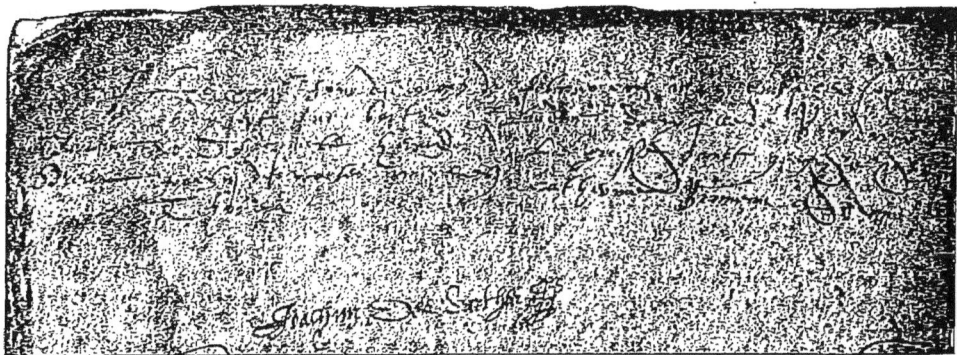

On remarquera l'orthographe de cette signature : *Des Carthes*.

A la signature de Joachim Descartes nous ajoutons celle de son fils aîné, Pierre, laquelle figure au bas d'un acte de baptême du 25 décembre 1620 de la paroisse de Saint-Cybard (2). Et comme plus loin nous donnons également le

(1) Reg. 69, p 271.
(2) Reg. 56, 1612 à 1633.

paraphe de René, son frère cadet, il s'ensuit que nous aurons
des autographes du père et des fils attirés à Poitiers par
leurs études, des parents ou des amis. Pierre était alors âgé
de vingt-neuf ans, sa signature a beaucoup d'analogie avec
celle du philosophe.

Les de Brilhac appartenaient à une famille noble et distinguée du Poitou. Marie, dont il est question dans l'acte ci-
dessus, était une des filles de Pierre de Brilhac, écuier, seigneur de Nouzières, lieutenant criminel en 1598, puis maire
de Poitiers. En 1634 elle épousa Isaac de Marconnay,
écuier, seigneur de Curzay.

On a dit que Claude Ferrand, la mère de Joachim, s'était
remariée. C'est une erreur détruite par le texte formel d'une

transaction du 21 février 1587 où Claude Ferrand comparaît en qualité de « veuve de défunt M° Pierre Descartes, vivant docteur en médecine, assistée de noble Joachim Descartes, conseiller du roi en la court de Parlement de Bretagne, son fils. » Elle était encore veuve le 23 septembre 1593, ainsi qu'il résulte du partage des biens de ses frères, Jean, médecin ordinaire du roi, et Louis, avocat à Poitiers. Claude Ferrand avait alors soixante-deux ans, l'acte ci-dessus passé àChâtellerault est signé : Michel Ferrand, Antoine Ferrand, Antoine Desmons et sa femme Louise Ferrand, Hilaire Repin, fils de René Repin, marié à Catherine Ferrand, Pierre Bruneau et sa femme Jeanne Ferrand, Claude Ferrand, veuve de Pierre Descartes, Joachim Descartes fils des précédents, Martine Ferrand, veuve de Barthélemy De la Vau.

A ce moment, Jean Ferrand l'aîné et le plus jeune des quatre garçons, Louis, étaient décédés, ainsi que Catherine, une des cinq filles de Louise Rasseteau.

De tout ce qui précède il faut conclure que l'abbé Chevalier s'est trop avancé dans une brochure publiée en 1872 sous ce titre : *Les origines tourangelles de Descartes*, en écrivant les lignes suivantes : « cependant la descendance du médecin de Châtellerault ne nous paraît pas solidement établie. On a affirmé plusieurs fois qu'il était l'aïeul du philosophe, mais on n'a point encore produit de titre authentique de cette filiation » ; et, pour corser son doute, l'auteur tourangeau, qui sur ce point important a été à peu près le seul de son avis, ajoute «qu'il faudrait d'abord prouver que Pierre Descartes, le médecin de Châtellerault, est bien le père de Joachim. » — Cette double preuve nous l'administrons aujourd'hui non pas d'une manière vague, incertaine, mais

avec des pièces authentiques. Il est donc vrai que Pierre Descartes était l'époux de Claude Ferrand, et Joachim Descartes
leur fils unique. Tout cela en Poitou et non en Touraine.

Un Breton, M. de Kératry, en parlant des origines de la
famille Descartes a résumé comme il suit son opinion.

« Descartes, natif *par accident* de Touraine, était Breton
d'origine. »

Cette affirmation exacte dans ses prémisses est fausse dans
ses conséquences, nous la formulerons en ces termes :

Descartes, né en Touraine où il avait des parents, était
originaire de Châtellerault en Poitou.

L'abbé Lalanne a d'ailleurs refuté victorieusement M. de
Kératry dans une *Notice sur la famille Descartes* (B*in ant.
de l'Ouest*, 4ᵉ trim. de 1857).

De l'union de Joachim Descartes avec Jeanne Brochard
(15 janvier 1589) naquirent quatre enfants, deux garçons et
deux filles. L'aîné Pierre fut baptisé à la Haye, en Touraine,
le 19 octobre 1591. Une fille, Jeanne, serait venue au
monde en 1593 ; on n'a pas son acte de naissance. Elle se
maria en Bretagne le 21 avril 1613 avec Pierre Rogier,
sieur du Crévy. La dot de Jeanne fut de quinze mille livres,
dont cinq mille livres suivant la dernière volonté de
Claude Ferrand, mère de Joachim, et de dix mille livres
pour sa part dans la succession de Jeanne Sain, son aïeule
maternelle, de sa mère, et de Jeanne Brochard, dame d'Archangié, sa tante (1). La seconde fille de Jeanne Brochard
mourut quelques jours après sa naissance, ainsi que nous
le verrons plus loin.

Par conséquent, René Descartes, né aussi à la Haye le 31
mars 1596, était le plus jeune des trois enfants vivants de

(1) *Ropartz*, p. 54.

Joachim et de sa première femme. Nous transcrivons ici tel que nous l'avons lu l'acte de baptême du philosophe.

« Le mesme jour [3 avril 1596] a esté baptisé René, fils de noble homme Joachim Descartes, conseiller du roy en son parlement de Bretagne, et damoiselle Jeanne Brochard ; ses parrins, noble Michel Ferrand, conselleler (*sic*) du Roy et lieutenant général à Châtellerault, et noble René Brochard, conseller du Roy, juge magistrat à Potyers ; sa marraine Jeanne Proust, femme de M. Sain, controlleur des tailles pour le Roy à Chastellerault. Ont signé : Ferrand, René Brochard, Jehanne Proust. »

La plaque commémorative qu'on voit à la Haye sur la maison où le philosophe vint au monde porte qu'il est né le 31 mars et lui-même a dit : *natus die ultimo Martii 1596.*

Dans plusieurs diocèses, les statuts synodaux ordonnaient de baptiser les enfants le jour ou du moins le lendemain de leur naissance. Quoi qu'il en soit, il est certain que René Descartes reçut le baptême le 3 avril 1596 dans l'église de Saint-Georges de la Haye, celle de Notre-Dame à laquelle il appartenait étant alors occupée par les protestants,

Donc sur ce point, les revendications de la Touraine sont aussi incontestables que légitimes. Nous n'essaierons pas de démontrer, comme a voulu le faire Roffay des Pallus, auteur d'un histoire manuscrite sur le Châtelleraudais, que la petite ville de La Haye était en Poitou. Si l'abbé Lalanne lui a beaucoup emprunté, il s'est bien gardé de tomber dans l'erreur grossière d'un compatriote trop chauvin. La géographie locale basée sur des divisions administratives très précises n'admet point de semblables compromissions. La Creuse nous a toujours séparé de la Touraine et en tant que province nous n'allons pas au nord et à l'est au delà du milieu

de cette rivière. Aux temps antiques même, le point de sé-
paration entre les Turons et les Pictons était à Ingrande-
sur-Vienne.

Après tout, les délimitations géographiques n'empêchent
pas les deux provinces de se tendre la main sur les ponts de
la Haye et du Port-de-Piles; il y a tant d'affinités entre le
Haut-Poitou et la Basse-Touraine, que les familles, les
mœurs, le langage semblent, de temps immémorial, s'être
confondus sur les deux rives de la Creuse.

Mais n'insistons pas.

Jeanne Brochard mourut, le 13 mai 1597, des suites de
couches d'un quatrième enfant décédé le 16 même mois.
L'abbé Lalanne a dit : (1) « que la fille née de cette malheu-
reuse couche reçut le nom de Jeanne et vivait encore en
1624.» — C'est une erreur déjà relevée par l'abbé Chevalier.
Jeanne, née en 1593 et non en 1597, était le second enfant
de Joachim Descartes et de Jeanne Brochard et mourut
après 1640, alors que son père n'existait plus. Le curé d'Oiré
a confondu Jeanne avec l'enfant né le 13 mai 1597, décédé
trois jours après et dont le prénom est inconnu, circonstance
portant à croire qu'il ne fut pas baptisé.

Dans un manuscrit de la bibliothèque de Tours (2) où se
rencontrent d'intéressantes notices biographiques dues à
la plume de Chalmel, cet auteur dit : « René Descartes,
ayant perdu en bas âge sa mère, vécut quelque temps à
Châtellerault sous la tutelle de M. Ferrand, lieutenant-général de cette ville, frère de sa grand-mère, et il ne tint
dans la suite qu'à Descartes de lui succéder dans cette
charge. »

(1) *Bull. Ant. de l'Ouest*, 1857, p. 245.
(2) 4. — S. T.

A ce propos nous ferons remarquer que la première femme de Joachim, Jeanne Brochard, étant morte le 13 mai 1597, le fils unique du médecin Pierre Descartes se remaria en Bretagne à la fin de 1599 ou au commencement de 1600, après avoir abandonné le Poitou où il revint cependant quelques fois. Il eut de sa seconde épouse, Anne Morin, quatre enfants nés en 1601, 1604, 1611 et 1617. Dans cette situation, qui lui imposait la charge et les soins de plusieurs enfants fort jeunes, issus de deux lits, il est permis d'admettre que René alors âgé d'environ quatre ans (son frère aîné en avait neuf et sa sœur sept) ait été confié aux soins de son grand-oncle et parrain, Michel Ferrand, et de sa grand-mère, Claude Ferrand, qui habitaient l'un et l'autre la petite ville de Châtellerault.

Cette dernière vivait encore le 9 novembre 1610 (1), époque à laquelle elle fut marraine, à Oyré, du second fils de Joachim et d'Anne Morin, Claude, dont les parrains furent Jean Desmons, écuier, sr de la Salle, et noble homme François Ferrand, ses cousins.

En 1604, à huit ans, c'est l'âge à partir duquel on sèvre les enfants de la vie oisive et facile du toit paternel, René entra au collège des Jésuites de la Flèche. Là le P. Charlet exerça une heureuse influence sur les merveilleuses aptitudes de son jeune parent. L'éducation virile des Jésuites n'est pas de celles qui amollissent les caractères et coupent les ailes au génie. Dans les conceptions les plus hardies de sa pensée Descartes, l'homme indépendant par excellence, resta orthodoxe et pour cela, a dit Bossuet, il prenait des précautions qui allaient jusqu'à l'excès. Étant sorti du collège

---

(1) Claude Ferrand, veuve de Pierre Descartes, figure sur un acte du 29 novembre 1610 (Arch. Vienne, reg. 54, *Inventaire des titres du fief de Chesne*).

en 1612, il vint à Paris en 1613. Il y usa largement pendant deux ans des plaisirs faciles et entraînants de la capitale. C'est alors, dit Baillet, que, lassé de cette vie oisive et voulant rompre avec les amis qui l'entraînaient dans une vie dissipée, il se déroba à leurs visites se cachant dans quelque coin ignoré de la capitale. Mais il n'y resta pas, contrairement à ce que pense son biographe. Sur le conseil de ses parents il s'était rendu à Poitiers pour y terminer ses études. Le seigneur du Perron (1) voulait déjà justifier cette devise empruntée à Ovide et inscrite au bas de son portrait gravé par Édelinck : *Bene qui latuit, bene vixit :* Vivre caché, c'est vivre heureux.

Le 21 mai 1616 sa présence à Poitiers est décelée par un acte de baptême signé de sa main. Il sortait à peine de sa vingtième année. Le 10 du mois de novembre suivant il était reçu bachelier en droit canon et civil. On lit en effet sur les registres de l'Université de Poitiers la mention suivante :

« *Nobilis vir, Dominus Renatus Descartes, diocesis Pictaviensis, creatus fuit baccalaureus in utroque jure, dic nona, et licentiatus in eisdem canonico et civili juribus die decima mensis novembris, anno Domini millesimo sexentesimo decimo sexto. Examinatus ad 40 theses de testamentis ordinandis ex utroque jure; pure et simpliciter de justitia et jure et laudetur.* A. de la Dugnie. »

Il fut loué, cela n'a rien d'étonnant, par des maîtres surpris de la précocité et de la vigueur de son intelligence.

Le jeune étudiant habitait alors la paroisse de Saint-Savin, voisine de celles de Saint-Étienne, de Saint-Didier et de Sainte-Opportune où demeuraient ou avaient demeu-

---

(1) Le Perron, commune d'Availles, canton de Vouneuil-sur-Vienne.

ré les Brochard et les Ferrand. Chambriste d'un tailleur nommé Chenault, il lui donna un témoignage de bienveillance ou même d'amitié en étant parrain de son fils René. Voici le *fac-simile* de cet acte.

Pour un homme de vingt ans, cette signature est nette, hardie, caractéristique.

Après avoir reçu le grade de bachelier *in utroque jure*, René Descartes se rendit auprès de ses parents en Bretagne. Il y appose sa signature au bas de deux actes de baptême dans la paroisse de Sucé, les 22 octobre et 3 décembre 1617; et si on pouvait douter de l'authenticité de celle dont nous venons de donner le spécimen, il suffirait pour l'admettre de se reporter au bulletin de la société archéologique de Nantes (T. XII, 1873, p. 170) et de comparer. A la suite d'une courte notice de l'abbé Grégoire, ayant pour titre *La famille Descartes à Sucé*, on voit la reproduction de deux autographes identiques à celui que nous avons emprunté à un registre poitevin.

Lorsque Descartes vint en 1616 terminer ses études à Poitiers, ils s'y trouvait encore quelques membres de la famille Brochard, notamment René Brochard, sieur des Fontaines, conseiller au présidial.

X

LES GRAND'TANTES DE RENÉ DESCARTES

Connaissant déjà les grands oncles de René Descartes, nous continuerons par l'énumération de ses grand'tantes, toutes poitevines mariées à des poitevins.

Martine Ferrand épousa Barthélemy De la Vau, sieur du Turreau (1), président en l'élection de Poitiers, élu maire, le 30 juin 1581, installé le 14 juillet suivant. D'après le registre du vicaire Aimeteau, la famille De la Vau serait originaire du Châtelleraudais et remonterait au commencement du seizième siècle (2).

La magistrature annuelle de ce maire ne révèle aucun fait saillant, à moins qu'on ne s'arrête aux incidents qui ac-

(1) Le *Turreau*, commune de Coussay-les-Bois.
(2) Le 31 janvier 1542 (*v. s.*), un sieur Pierre Catillon épouse à Pouthumé Jeanne De la Vau, fille de François De la Vau.
Le 6 octobre 1546, mort de Barthélemy De la Vau, fermier du greffe de Châtellerault.
Le 22 janvier 1548 (*v. s.*), François De la Vau épouse Regnée Brunet à l'église de Saint-Romain.
21 août 1549, mort de François De la Vau, père de Simon De la Vau.

compagnèrent son élection et qui caractérisent l'époque flo-
rissante de la Ligue à Poitiers. Il n'en était pas; ce qui lui
avait suscité des adversaires jaloux d'une autorité qui pouvait contrecarrer leurs desseins. Le texte de la prestation de
serment de Barthélemy De la Vau n'est pas sans intérêt,
nous le donnons comme un type, une formule que les
statuts de la maison de ville et la tradition si respectés
alors avaient consacrés. Le nouveau maire promet beaucoup; il y va d'enthousiasme. Les grands et les petits se
ressentiront, dit-il, de sa justice et de son impartialité.
Belles paroles que l'ambition satisfaite dicte, que la mémoire oublie et qui ne trompent que les naïfs.

Nos ancêtres, moins osés que leurs descendants, inno-
vaient peu dans la forme. Ils n'étaient pas pour cela à
l'abri des effets dissolvants de la politique. Elle s'infiltrait
partout causant des ravages que les progrès et le temps ont
seuls atténués. Il ne faut donc pas se poser en « *laudator
temporis acti* » quand il s'agit de l'ensemble du seizième
siècle. Son évolution centenaire a été inégale. Époque tout
d'abord brillante et civilisatrice de la renaissance des arts
et des lettres avec François Ier, elle s'assombrit à partir de
François II jusqu'à Henri IV par le spectacle affligeant des
guerres civiles et de la révolte à tous les degrés sociaux. Le
Poitou est profondément troublé. En haut, les princes que
l'ambition, la jalousie et les rivalités dévorent font échec au
gouvernement légitime, espérant lui enlever quelque lam-
beau de pouvoir; en bas les corps municipaux sous une
pression délétère se disputent l'influence et l'autorité avec
un acharnement aussi vif que l'intensité de leurs passions
et de leurs rancunes personnelles est grande. L'élection en
1581 du maire de Poitiers, Barthélemy De la Vau, un des

grands oncles de Descartes, nous révèle l'antagonisme déjà très accentué qui divise le maire, l'échevinage, les bourgeois et leurs partisans.

Ligueurs, royalistes, politiques cherchent leur voie et ils ne la trouvent que dans une opposition systématique dont le principal résultat est la stérilité. La commune et ses intérêts s'effacent devant le parti pris et des espérances coupables.

Voici au juste comment les choses se passèrent :

« Le vendredy, quatorziesme jour de juillet, jour Saint Cyprien, de l'année mil cinq cens quatre vingtz un, accoustumé et ordinaire pour faire par l'esleu en maire le serment à la ville, Mᵉ Berthellemy De la Vau, esleu en maire pour la présente année commençant à ce jour et finissante à pareille et semblable, a faict le serment sur les Sainctes Évangilles, icelles touschant entre les mains de Sire René Arnoul (1), maire anticque (2) DE GARDER LES DROICTZ, *status et ordonnances de la maison de céans, les dommaines et droictz entretenir, et ce qui serait alliené recouvrer à son pouvoir et de faire raison et justice au petit comme au grand.* Le quel serment faict, icelluy De la Vau a esté mis en possession réelle et actuelle dud. estat et office de maire et cappitaine de la ville et installé au siège supérieur et maioral par ledict Arnoul, maire anticque. Ce faict, ont esté appellés les vingt cinq eschevins de ladicte ville pour faire le serment aud. sieur maire, luy estant en la chaire de maire chacun selon leur ordre .... »

Sur les vingt-cinq échevins de la ville, seize s'empres-

(1) Ecuyer, seigneur du Puy et du Poirier. Rend hommage au roi pour le fief de Bonnillet, le 17 juin 1581.
(2) Prédécesseur de Barthélemy De la Vau.

sèrent de remplir cet acte de déférence obligatoire, neuf s'abstinrent pour être désagréables au nouveau magistrat, mais il leur fut notifié que faute de prêter le serment « de deument luy obéir et loyaulment le conseiller, ils n'auraient voix délibérative ni séance en la compagnie » (1).

Parmi les opposants, on remarque Jean de Brilhac, Joseph Le Bascle, Pierre Rat, Richard d'Elbenne, etc. D'un côté les ligueurs, de l'autre les royalistes avec une faible majorité. J'ai dit ailleurs que les Ferrand, les Descartes, les Brochard étaient avec ces derniers.

Un certain Michel Ferrand, l'un des soixante-quinze bourgeois, assistait à l'élection de Barthélemy De la Vau. Il était le fils du lieutenant-général de Châtellerault, par conséquent le neveu du maire récemment élu. Il eut pour femme Anne du Tillet et devint conseiller à la cour de Parlement de Paris et doyen de la Grand'Chambre. Neveu de Pierre Descartes le médecin châtelleraudais et cousin de Joachim. C'était un personnage marquant.

Les armes des De la Vau étaient : *d'hermine, chargé en cœur d'une fleur de lys d'or, au chef d'or.*

Catherine Ferrand fut mariée, le 7 juillet 1561 (2), à René Repin, écuier, sieur de la Ronde et de Verné (3), avocat au siège présidial de Poitiers.

Armes : *d'or, à un rameau d'olivier de sinople, posé en pal.*

Jeanne épousa Bruneau, sieur de la Roussière, avocat à Poitiers.

Enfin, Louise Ferrand avait pour mari Antoine Desmons,

(1) *Reg. des délibérations du corps de ville,* n° 43, carton 102 (1571-1587).
(2) *V.* pièce justificative n° 12.
(3) Deux-Sèvres.

écuier, seigneur de la Salle, exempt des gardes du roi en 1587.

Nous avons trouvé dans un document du 26 novembre 1491 ayant pour titre : « *Rôle de l'arrière ban convoqué en Poitou par Jacques de Beaumont, sénéchal,* » la preuve de l'ancienneté des familles Desmons et Rasseteau, on y lit :

« Jean Desmons et André Rasseteau, de Châtellerault, ont été excusés par Mre Jean Desmons, lequel a affirmé par serment que chacun d'eux ne tient pour dix livres de rente, et qu'ils ne sont puissans pour aller à la guerre, requérant qu'ils fussent renvoyés ; — considéré ce que dit est, en ont été renvoyez pour cette fois. »

Pas assez riches pour servir le roi à leurs dépens !

Les Desmons, seigneurs de la Salle (1), ancien fief relevant de la Motte-d'Usseau, étaient, comme on le voit, d'origine châtelleraudaise. On les trouve dans le pays dès le milieu du quinzième siècle.

Le 27 juin 1617, Louise Ferrand, alors veuve, et demeurant à Châtellerault, amortit une rente due à François Desmons, écuier, sieur de la Côte, paroisse de Vaux. L'acte est passé dans la maison de *La Salle* (2).

Cette famille portait : *d'argent à la bande de gueules, chargée de trois griffes de lion d'or, accompagnée d'un aigle à deux têtes de sable au-dessus, et de trois mouchetures d'hermine au-dessous.*

De cet exposé il résulte que des neuf enfants de Jean Ferrand et de Louise Rasseteau, un seul resta célibataire, Jean l'aîné, qui, nous le rappelons, obtint des lettres de noblesse de Henri III, en 1574. Son frère, Louis, le plus

(1) Commune de Leigné-sur-Usseau.
(2) *V.* pièce justificative n° 13.

jeune des garçons, époux de Marguerite Cothereau, n'eut pas d'enfants.

XI

DIVERS ACTES PRIVÉS DES FAMILLES FERRAND ET DESCARTES

Nous avons dit que les actes relatifs à la vie civile et privée des Ferrand et des Descartes avaient été accomplis soit à Poitiers, soit à Châtellerault où se concentraient tour à tour, selon les circonstances, leurs intérêts et leurs affections. Quelques-uns de ces actes ayant été déjà rapportés, nous n'avons qu'à en compléter l'énumération qui fortifiera encore les preuves déjà si évidentes des origines poitevines des deux familles précitées, en indiquant leurs sources.

Le partage de la succession de Jean Ferrand, le père, et de Louise Rasseteau, de celles de Jean leur fils aîné et de Louis le plus jeune, jetèrent tout d'abord une certaine froideur dans les rapports des enfants du vieux médecin châtelleraudais; mais l'esprit naturel de concorde qui existait entre eux et les exhortations de leurs amis les amenèrent à transiger. L'expérience et l'autorité de Michel Ferrand, lieutenant-général de Châtellerault, la modération et le désintéressement d'Antoine, conseiller du roi au châtelet de Paris, l'attitude conciliante de Claude Ferrand, veuve de Pierre Descartes, apaisèrent les différends et les querelles en rétablissant la bonne harmonie dans cette nombreuse famille. Ils n'avaient point oublié que les vieilles amitiés, les liens étroits de parenté sont trop souvent brisés par l'âpreté des intérêts ou les froissements de l'amour-propre.

Un acte de curatelle, à la date du 3 juin 1570, nous apprend que Louis, Martine et Louise Ferrand étaient alors mineurs. Nous y relevons le nom de Jean Bodin, natif d'Angers, avocat au parlement de Paris, plus tard auteur du livre *De la République*. Né en 1529, et allié des Ferrand, il avait alors quarante un ans (1).

D'autres titres se lient à notre sujet autant par les noms de personnes qui s'y rencontrent que par la désignation de lieux qu'ils indiquent. Nous les reproduirons pour donner à ce travail les développements qu'il comporte. Nous ne saurions oublier que la plupart de ces textes constatent l'intervention active de la veuve de Pierre Descartes, agissant tant en son propre nom qu'à celui de son fils Joachim.

Continuons l'analyse sommaire des titres en question afin d'éviter au lecteur l'ennui de les parcourir, s'il se trouve suffisamment convaincu tout d'abord.

Le 11 juin 1570 « une récompense de 9.000 l. est faite à Louis, Martine et Louise Ferrand. — Cette pièce contient l'énumération des neuf enfants de Jean Ferrand et de Louise Rasseteau (2).

Le 1er mars 1576 est passé à Poitiers par Michel Ferrand, alors conseiller au présidial de cette ville et au nom de son frère Antoine, magistrat au châtelet de Paris, une transaction afin d'amortir une rente créée par un sieur Guillon « pour faire plaisir au Révérend Père en Dieu Messire Charles de Peyrusse, évesque et duc de Langres », ce dernier représenté par « Me Laurent d'Asnières » son homme d'affaires, le quel opère sans tarder le remboursement de la susdite rente (3).

(1) *V.* pièce justificative n° 14.
(2) Pièce justificative n° 15.
(3) *V.* pièce justificative n° 16.

Le 21 février 1587, transaction à Poitiers entre les enfants de Jean Ier Ferrand au sujet de la succession de Louis Ferrand, son plus jeune fils, avocat au siège présidial de Poitiers (1).

7 mars 1591, sentence rendue par Michel Ferrand, conseiller du roi, lieutenant général à Châtellerault en faveur de Joachim Descartes, conseiller du roi en sa cour de parlement de Bretagne, et damoiselle Jeanne Brochard, son épouse, demandeurs contre les Souriaux pour la Braguerie, paroisse de Leigné-sur-Usseau (*Arch. Vienne* — E^{s.} 777).

Le 17 septembre 1593, transaction à Châtellerault entre Antoine Ferrand, conseiller du roi en la prévôté et vicomté de Paris, et dame Claude Ferrand, veuve de feu noble homme Pierre Descartes, vivant docteur en médecine, demeurant à Châtellerault (2).

Le 21 septembre 1593, dans la susdite ville, transaction entre les frères et sœurs de Jean II Ferrand qui, par son testament du 10 juin 1584 avait fait divers legs aux pauvres ; à Michel, son frère cadet, 4.000 livres ou sa maison de la Grange du Fau (commune d'Oyré), à Antoine, son autre frère, 600 écus et la jouissance de rentes générales que le testateur avait acquises sur les Aubues et Froncilles (commune de Châtellerault) et des sieurs du Bournais (commune de Senillé) et de la Malletière (commune de Vaux)(3).

Le 23 septembre de l'année ci-dessus, 1593, et aussi à Châtellerault, partage des biens de Jean II Ferrand, médecin du roi, et de Louis Ferrand, avocat à Poitiers, entre ses autres frères. Sur cet acte intéressant figure : dame

---

(1) *V.* pièce justificative n° 17.
(2) *V.* pièce justificative n° 18.
(3) *V.* pièce justificative n° 19.

Claude Ferrand, veuve de défunt messire Pierre Descartes, vivant docteur en médecine, en présence de Joachim Descartes, écuier, conseiller du roi en la cour de parlement de Bretagne. Il est stipulé à la fin de l'acte qu'il a été passé dans la maison « dudit feu sieur Ferrand (1) ». Il habitait alors la ville de Châtellerault et nous avons déjà constaté que la susdite maison, dont il était propriétaire, servait de demeure dès 1580 à son frère Michel, le lieutenant-général.

A la même date (23 septembre 1593) et toujours à Châtellerault, interviennent une transaction et un accord entre Michel Ferrand et Pierre Bruneau, sieur de la Roussière, un de ses beaux-frères, au sujet du testament de Jean II Ferrand que ledit Bruneau prétendait à tort être émané de son père Jean Ier. Par un motif qui nous échappe, mais que nous soupçonnons, on avait substitué sur le parchemin original le mot *père* à celui de *frère* (2). On comprend les conséquences de cet altération du texte. Toutefois, dans ce procès qui amena une transaction le beau rôle ne fut pas du côté du sieur de la Roussière, avocat au présidial de Poitiers.

Le 16 janvier 1600, Claude Ferrand, dame des Cartes, demeurant à Châtellerault, vend à Louis de Ferrou, seigneur de Mondion, vingt boisselées de terre au village de Pendloie provenant de l'héritage de défunt noble homme Jean Ferrand, en son vivant conseiller et médecin ordinaire du roi, son frère (3).

Enfin, dans un aveu du fief de Besse (comm. de Thuré) (4) rendu en 1640 à Mre César de Certany, seigneur de la Bar-

(1) *V.* pièce justificative n° 20.
(2) *V.* pièce justificative n° 21.
(3) *V.* pièce justificative n° 22.
(4) *V.* pièce justificative n° 23.

belinière, par Claude du Rivau, seigneur de la Chassagne,
on lit que Marthe du Puy (1), veuve de Michel Ferrand, vendit en 1613 à Élie de Sauzay, commissaire ordinaire des
guerres et maître des eaux et forêts de Châtellerault, le fief
de Besse-Clanay qui, jusque-là, était resté indépendant de
celui de Besse. Les Sauzay étaient seigneurs du dernier
dès la fin du seizième siècle. En 1652 il appartenait à Hippo-
lyte Jules Pilet de la Ménardière, médecin et poète Loudunais, lequel voulut démontrer dans son *Traité de la Mélan-
colie*, pour plaire au cardinal de Richelieu, dont il était le
médecin, que les Ursulines de Loudun étaient réellement
possédées du démon. Le docteur écossais Marc Duncan
était d'un avis contraire.

Sur cet aveu on relève les noms suivants : Pierre Rasseteau, président de l'élection de Châtellerault (2), Pascal
Boutault, avocat, Pierre Vantelon, marchand au faubourg
de Châteauneuf, Joachim Dandenac, René Androuet du
Cerceau, Antoine Corchand, notaire royal, Jean Gaultron
de la Bâte, Pierre Massonneau, Pierre Philippe, maître des
eaux et forêts, De la Vau de la Massonne, etc.

(1) « Marthe du Puy, native de Châtelleraud, veuve de Me Michel Ferrand,
lieutenant-général de cette ville, après avoir marié tous ses enfants, en les
voyant tous bien pourvus, se fit religieuse au couvent de l'Encloître, où elle a
fini pieusement et saintement ses jours. » (D. Fonteneau, t. XLV, p. 327, extr.
des mémoires de Robert du Dorat.)

(2) Des notes qui nous ont été communiquées, il résulte que ce Pierre Rasseteau succéda à son frère Aimé, dont il était le cadet, à la présidence de l'élection de Châtellerault. C'est la seule branche qui ait conservé le nom de Rassé-
teau. De sa femme Jeanne de Forges elle eut quatre garçons : René, avocat au
siège royal de Châtellerault, mari de Françoise Paris, fille d'un officier de la
maison du roi; Pierre, docteur en médecine, époux de Marie Cuirblanc, fille de
Michel Cuirblanc, vivant, contrôleur général du taillon en Poitou; Jean, avocat
du roi, mari de Françoise Cuirblanc, fille de Fortuné Cuirblanc, président en
l'élection de Châtellerault; enfin Louis, religieux de l'ordre de Saint-Bernard,
à l'abbaye des Châtelliers, en Poitou.

XII

LES ANCIENS REGISTRES PAROISSIAUX DE POITIERS (1)

Quelques-uns de ces manuscrits remontent au seizième siècle, mais c'est l'exception. Nous citerons :

Sainte-Opportune.............. 1539,
Saint-Jean-Baptiste............ 1543,
Saint-Germain................ 1557,
Saint-Didier................. 1564,
Notre-Dame-la-Petite.......... 1579,
Saint-Cybard................. 1591.

Et c'est sur les registres des baptêmes qu'on trouve les dates les plus anciennes. En effet, un édit de François Ier, d'août 1539, avait ordonné d'établir les registres « en forme de preuve de baptesmes qui contiendront le temps et l'heure de la nativité, et par l'extrait dudit registre se pourra prouver le temps de la majorité ou de la minorité et fera pleine foi à cette fin ». Cet acte de sagesse, suivi de diverses ordonnances qui nous mènent jusqu'à 1737, fut l'embryon du système complet permettant aujourd'hui de suivre le citoyen dans les évolutions de son existence civile, de la naissance à la mort, sans oublier le mariage.

La paroisse de Sainte-Opportune, dont l'église a servi

(1) M. de Saint-Genis a dressé en 1877 l'*Inventaire des archives municipales de Châtellerault*. Les anciens registres paroissiaux de la ville relatifs aux actes civils y ont été relevés sommairement. Pour le sujet que nous traitons ceux de la paroisse de Saint-Jean-Baptiste, habitée par les familles Rasseteau, Ferrand et Descartes, devaient être de notre part l'objet d'un examen particulier, mais les dates extrêmes de ces documents (1661-1667) nous ont bien vite convaincu que nous n'y trouverions pas de renseignements utiles à l'étude généalogique que nous écrivons. Il n'en a pas été de même à Poitiers, ainsi qu'on le verra dans les développements qui suivent.

jadis à la soutenance des actes de la faculté de théologie
(*in scholis Opportunicis*), observa l'année même de l'édit de
1539 les règles qu'il imposait. C'est de cette mesure utile
et prévoyante que sortit l'ordonnance de 1667 prescrivant
d'établir des registres pour les baptêmes, les mariages et
les sépultures. Nous lui devons une foule d'actes intéressants qui impriment à l'histoire locale l'exactitude dans les
noms et la précision dans les dates.

C'est ainsi qu'on trouve consignés sur les vieux registres
des six paroisses de Poitiers ci-dessus énumérées une série
de faits curieux qu'attestent les signatures des personnages notables, illustres même qui ont marqué dans la capitale
de notre province si riche en souvenirs historiques. Rien
n'est plus attachant, plus suggestif que ce monde disparu
qui nous laisse ses seings autographes, étale avec complaisance ses titres nobiliaires, ses qualifications profession-
nelles, et rappelle à l'occasion d'un baptême, d'un mariage
ou d'un décès ses parents, ses alliances, ses patronages.
Le voile épais qui dérobe un passé de trois siècles et demi
se déchire çà et là, nous laissant entrevoir quelque coin
ignoré de la vie des ancêtres.

De ces noms reproduits sur les pages enfumées des regis-
tes paroissiaux de la cité où figurent Henri de Bourbon,
prince des Dombes, Louis Guez de Balzac, Françoise de
Gondi, fille d'un maréchal de France, François de la Roche-
foucauld, prince de Marsillac, gouverneur du Poitou, les Duplessis de Richelieu, de Sainte-Marthe, de Villequier, seigneur de la Guerche, de Voyer d'Argenson, de Villemontée
intendant du Poitou et tant d'autres, de ces noms, disons-
nous, il ne sera extrait que ceux relatifs à notre sujet, bien
que nous les connaissions déjà pour la plupart.

Commençons l'examen de nos vieux registres.

Le 24 juin 1533, « honorable maître *Aymé Brochard*, conservateur des privilèges de l'Université de Poitiers (1), fut enterré dans l'église Sainte-Opportune, devant le crucifix, où il eut une honorable compagnie.

Le 5 mars 1564, nous voyons *Jean Ferrand, le père,* assister, dans l'église de Saint-Didier, au baptême de sa petite fille, *Louise,* née de damoiselle *Catherine Ferrand*, et de *René Repin*, seigneur de la Ronde. Les marraines sont *Jeanne Brochard*, femme de Jean de Moulins, magistrat au présidial, et Jeanne Guimoreau, femme de sire Pierre Pidoux, seigneur de Malaguet (2).

En 1567, nous relevons un acte de baptême à reproduire tel qu'il est :

« Aujourd'huy, neuviesme jour de may mil cinq cent soixante sept, a esté baptizée, *Claude,* fille de noble homme *René Repin* et de damoiselle *Catherine Ferrand;* a esté parrain honorable maistre Maurice Maignen, seigneur d'Aillé, advocat en la cour présidiale de ceste ville de Poictiers, et les merraines dames *Loyse Rasseteau,* femme de honorable maître *Jehan Ferrand,* docteur en médecine, et *Claude Ferrand,* leur fille (3). »

Il s'agit ici de René Repin, gendre de Louise Rasseteau, et de Claude Ferrand sa belle-sœur.

1567 (29 octobre). Marie, fille de Mᵉ *Pierre Bruneau,* advocat et dame *Ferrand.* Les parrain et marraines

(1) Nous avons remarqué sa signature en qualité de conservateur des privilèges royaux de l'Université au bas d'une sentence du 9 juillet 1517 (*Arch. ville de Poitiers,* nᵒ 675). Il occupait cette situation depuis 1514. Beauchet-Filleau dit qu'il était mort avant 1539.
(2) *Saint-Didier,* reg. 69.
(3) *Saint-Didier,* reg. 69.

M⁰ Pierre Charlet, escolier, fils de M. Charlet, président second en la chambre des Enquestes, à Paris. Damoiselle Jeanne Queu (?), veuve de feu M. Clavière, dame *Catherine Ferrand* (1).

1568 (15 septembre). « A esté baptizée, Anne, fille de noble Messire *Repin* et damoiselle *Catherine Ferrand*. Les parreins sont honorables *Michel Ferrand*, et marraines damoiselle Anne Milcendeau dame de Billy et dame Marie Pidoux, et fut née le XII dud. mois (2).

1568 (10 décembre). Jeanne, fille desdits *Bruneau* et *Ferrand*, sa femme, le parrain M⁰ *Michel Ferrand*, marraines « Dames Barbier, Laugier, leur bonne amie (3). »

1575 (12 octobre) « fut baptisé Julien Pestre, fils de maistre Julien Pestre, procureur en cette ville et de damoiselle Nicolle Duamel, de la paroisse de N. Dame la Grande. Perreins, noble homme maistre *Michel Ferrand*, conseiller et magistrat aud. Poitiers, et Françoys Poupet, enquesteur et examinateur en Poitou, merreine, damoiselle Jacquette Poictevin (4). »

1577 (22 février). Baptême de Claudine Dreux, fille de Blay Dreux et de Jacquette Géraude, de la paroisse de Saint-Grégoire. Parrain *Joachim Descartes;* nous avons donné p. 98 le fac-similé de cet acte (5).

1577 (22 avril). *René Brochard*, conseiller, lieutenant-général en Poitou, père de *Jeanne*, femme de *Joachim*, est parrain de Pierre Rat (6).

1578 (1ᵉʳ février), « fut baptizée Claude de la Vau, fille de

(1) *Saint-Porchaire*, reg. 191.
(2) *Saint-Didier*, reg. 69.
(3) *Saint-Porchaire*, reg. 191.
(4) *Saint-Didier*, reg. 69.
(5) *Saint-Didier*, reg. 69.
(6) *Saint-Didier*, reg. 69.

noble homme *Bartholomé de la Vau*, recepveur des tailles
pour le roy en Poictou, et de damoiselle *Martine Ferrand*,
de la paroisse de céans; parrains noble homme Pierre Rogier, seigneur du Temple, conseiller et magistrat aud. Poitiers; merrenes damoyselles Lesaige et *Claude Ferrand* (1). »

1580 (20 novembre). *Martine Ferrand*, femme de maistre
Barthélemy de la Vau, président des Élus (2). Elle était
veuve avant 1596.

1582. *René Brochard*, écuier, conseiller du roi, lieutenant-général en Poitou (3).

1582 (28 mars) « fut baptizée .... Guérin, fille de noble
homme Mre Esprit Guérin (4), lieutenant général des eaux
et fourestz du Roy, et de damoiselle Françoise de la Gau-
derie, de la paroisse Sainct Estienne; parrain noble homme
Simon Dreux, sénéchal de Faye et recepveur des deniers à
Poictiers; marraines, damoiselle *Martine Ferrand*, femme
de M. le mayre de ceste ville et dame d'Ausseure (5) ».

1582 (2 novembre) « baptême de Gilles Bontemps, fils de
Pierre Guillaume Bontemps et de dame Catherine Pelletier, de la paroisse de N.-Dame-la-Grande; parrains M^c *Louis
Ferrand*, avocat à Poitiers, et Me Georges Bontemps, procureur au siège présidial, marraine dame René Caute-
reau (6) ».

1585 (26 juillet) « Le jour de Sainte Anne, fut baptizée
Anne Brochard, fille de noble homme *Pierre Brochard*,
conseiller du Roy en sa court présidiale de Poictiers et de

(1) *Saint-Didier*, reg. 70.
(2) *Saint-Didier*, reg. 70.
(3) *Saint-Didier*, reg. 70.
(4) Sieur des Fiefs.
5) *Saint-Didier*, reg. 70.
(6) *Saint-Didier*, reg. 70.

delle Jeanne Rat, de la paroisse de Saint-Cybard. Parrain noble homme Pierre Rat, conseiller du roi et président en Poictou; merreines : d^{lles} *Jehanne Sain* et *Claude Sain* (1).

Les deux sœurs : Jeanne aïeule de René Descartes et sa marraine ; Claude, sa grand'tante.

1586 (8 août) (2) à cette date « fut enterré en l'église de Sainte Opportune et devant le crucifix, honorable maître *René Brochard*, lieutenant général au siège présidial de cette ville de Poictiers, en la sépulture de M. *Aymé Brochard son père*. Et assistèrent à ses obsèques M. le recteur de l'université et tous MM. les officiers du Roy. *Requiescat in pace* (3) ».

Ce René Brochard était, nous le répétons, le père de Jeanne, femme de Joachim Descartes, laquelle décéda le 13 mai 1597.

1588 (18 octobre) « a été baptizée *Catherine Brochard*, fille de *Pierre Brochard*, écuier, conseiller du roy en son Grand Conseil, et de damoiselle Suzanne Rat. Et ont été leurs parrains Guillaume D'Elbène, écuier, sieur de L'Espinoux, conseiller du roy en son Grand Conseil. Damoiselles Virgile Rat et Catherine Brochard, marraines (4).

Pierre Brochard était le cousin par alliance de Joachim Descartes.

1590 (8 mai). — Simon Ginoct, fils de François Loÿs Ginoct, et de Jahel Jallais, né à Poitiers, eut pour parrain Jacques Jallais et pour marraine dame *Claude Ferrand*, veuve de *Pierre Descartes*, docteur en médecine (5).

(1) *Saint-Didier*, reg. 70.
(2) Beauchet-Filleau, dit le 28 juillet.
(3) *Sainte-Opportune*, reg. 237.
(4) *Saint-Jean-Baptiste*, reg. 150.
(5) Note communiquée par M. Ginot, sous-bibliothécaire de la ville de Poitiers.

1596 (25 janvier). « A esté baptisée Claude Contensin, fille de sire Estienne Contencin, marchand, et de Marguerite Senterre (?), ses père et mère, de présent paroissiens de Sainct Estienne et ont esté les parrain et merraines M° Loys de Sauzay, advocat en la ville de Poictiers et damoyselle *Martine Ferrand*, vesfe de desfunct Berthélemy De la Vau, escuier, vivant sieur du Thureau (1), président en l'Élection de cette ville de Poictiers, et dame Françoyse Busseau, femme de M° Jacques Barreau aussi advocat à Poictiers (2).

1610 (18 mars) « Ce jourd'huy a esté baptizé Nicolas, fils de Nicolas Thubert et de dame Marguerite Bruneau ; parrains *Hilaire Repin*, sieur de la Ronde, et *Pierre Ferrand*, sieur de Sossay, et la marraine dame Catherine Thubert (3).

Hilaire Repin, fils de René époux de Catherine Ferrand.

Pierre Ferrand, petit-fils de Michel, lieutenant-général de Châtellerault. Il occupa en Poitou la situation de trésorier général de l'Extraordinaire des guerres ; il avait épousé une riche héritière Catherine Brochard, fille de Pierre, seigneur de Marigny, maître des requêtes, et de Jeanne Rat.

1616 (21 mai) « Le XXI° jour de may mil six cens seize a esté baptizé René, fils de M. René Chenault, marchand tailleur d'abits, et de Marguerite Chemillon, ses père et mère, paroissiens de céans, parrains et marraine : *René Des Cartes* et Jehan Gendre, marchand tailleur d'abis, et Anne Lombart » (4).

La photographie de cet acte a été reproduite à la p. 106.

1619 (19 février) « Marraine demoiselle *Marie Brochart*,

(1) Commune de Coussay-lès-Bois.
(2) *Notre-Dame-la-Petite*, reg. 34.
(3) *Saint-Hilaire-de-la-Celle*, reg. 120.
(4) *Saint-Savin*, reg. 223.

fille de M. *Pierre Brochard*, sieur de Marigny, conseiller et maître des requêtes de l'hôtel du roy » (1).

Marie Brochard, sœur de *Catherine*, mariée à *Pierre Ferrand*, sieur de Sossay dont nous avons parlé à l'année 1588.

1648 (9 juin) « Est morte en Nôstre Seigneur, en la paroisse de Saint Porchaire, damoiselle Jehanne (2) des Roches, femme de maistre *René Brochard*, écuier, sieur des Fontaines, juge magistrat au Présidial de Poitiers, et a été enterrée le lendemain au matin en l'église de Sainte-Opportune en la sépulture des d'Elbène : *Requiescat in pace* (3) ».

René Brochard, beau-frère de *Joachim Descartes*, par conséquent oncle de *René*.

1648 (12 août) « Est mort en Nostre Seigneur en la paroisse de Saint-Porchaire, Mᵉ *René Brochard*, escuier, sieur des Fontaines, conseiller du roi au présidial, et a été enterré le lendemain en l'église de Sainte Opportune en la sépulture des Brochard. *Requiescat in pace.* » — Il était âgé de 92 ans (4).

René Brochard, en 1621 doyen du Présidial; en 1648 doyen des échevins de Poitiers.

Tels sont les renseignements que nous avons puisés dans les registres des églises paroissiales de Poitiers. Quelques-uns ont pu nous échapper malgré le soin que nous avons mis à les recueillir. Enfin, si la lecture d'actes de baptême ou de décès brefs et sommaires n'a rien qui puisse attacher le lecteur à cause de la multiplicité des noms et des dates qu'ils contiennent, il n'en faut pas moins considérer que

(1) *Saint-Hilaire-de-la-Celle*, reg. 120.
(2) d'Elbène.
(3) *Sainte-Opportune*, reg. 237.
(4) *Sainte-Opportune*, reg. 237.

dans ces sortes d'études généalogiques on ne saurait apporter trop de documents, ayant un caractère authentique et constituant par leur réunion une série de preuves irrécusables. Ils y ont une place marquée et ils servent de fil conducteur à travers les évolutions si difficiles à suivre des familles, de leurs alliances et de leurs rapports intimes. C'est pourquoi nous avons pensé, ne voulant rien négliger, que le résultat de nos recherches ne devait pas rester enfoui dans les cartons et qu'il figurerait d'une manière utile dans ce travail. A quelques-uns il pourra d'ailleurs éviter la peine de remonter aux sources auxquelles nous avons puisé.

XII

LES BIENS DE LA FAMILLE DESCARTES EN CHATELLERAUDAIS

L'abbé Lalanne en a déjà indiqué quelques-uns, mais plusieurs lui ont échappé. En effet, nos investigations récentes dans les *Archives de la Vienne*, notamment dans l'important et riche dépôt du comte de Touchimbert, mort député de la Vienne, nous permettent de citer d'autres immeubles qui vinrent aux Descartes par les Ferrand ou les Rasseteau, les Brochard ou les Sain. On sait, au moyen de documents authentiques, que le médecin Pierre Descartes et sa veuve Claude Ferrand, que Joachim, leur unique fils et les trois enfants restés vivants de ce dernier, Pierre, Anne et René, recueillirent successivement les héritages de leurs parents. Sans entrer dans les détails si précis déjà fournis sur ce point par Ropartz (pp. 103 et s.), nous nous bornerons à donner ici le tableau complet de ces biens en indiquant leur topographie.

A Châtellerault, centre autour duquel gravitaient les affections et les intérêts de la famille Descartes, était le logis
paternel dont la description se trouve à la p. 137, ainsi
qu'un jardin dans le faubourg de Sainte-Catherine, p. 129.

Non loin de la ville, dans l'ancienne paroisse d'Antogné,
réunie à la commune de Châtellerault en 1801, il y avait le
Pré des Cartes (1), au-dessous des vignes de l'Herse (2).
Il figure sur la planche 26 (paroisse d'Antogné) de l'atlas
des fiefs des églises de Notre-Dame et de Saint-Romain de
Châtellerault, *table des registres*, n° 188. Une déclaration
de terre et vigne au susdit lieu de l'Herse indique que le
pré de dame Claude Ferrand, veuve du médecin Pierre
Descartes, était contigu à ces terre et vigne. (*Arch.
Vienne*, H¹, 23, 24 septembre 1594).

Dans la commune d'Oiré, la Corgère (v. pièce justificative
n° 26) (3).

Dans la commune d'Availle, canton de Vouneuil-sur-
Vienne, *La Bobinière* (4), *La Grand'Maison* (5), *le Mar-*

(1) A cause de ce pré, Pierre Descartes fut condamné en 1559 à payer au
prieur de Saint-Romain de Châtellerault 12 boisseaux de froment et 2 gélines
de cens. (*Arch. Vienne*, aveux et dénombrements, reg. 203.)

(2) *L'Erse*, carte de Cassini, au-dessus de Gâtebourse. Les vignes de l'*Erse*
sont citées dans l'aveu du Savinier du 12 août 1431. (*V.* mes *Etudes sur le
Châtelleraudais*, publiées dans les *Mémoires de la Société des Antiquaires de
l'Ouest*, année 1894, p. 371.)

(3) Carte de Cassini entre les Gaultrons et les Bonshommes. Cette métairie, ancien fief relevant de Ferrière-aux-Velours, lieu détruit dans la même
commune d'Oiré, provenait de l'héritage de Jean Ferrand et de Louise Rasseteau.

En 1558 (23 juillet) à Pierre Descartes du chef de sa femme Claude Ferrand
(Arch. Vienne, *Inventaire du fief de Ferrière*).

En 1594 (28 septembre) à Claude Ferrand, veuve du précédent.

En 1604 (9 novembre), Claude, fils de Joachim Descartes et de Anne
Morin, sa seconde femme, naît à la Corgère, qui reste entre les mains de
Joachim Descartes jusqu'en 1641.

En 1641 (25 octobre), René Descartes hérite de la Corgère de son père Joachim; plus tard il vend cette propriété à son frère aîné Pierre, ainsi que la
maison de Châtellerault et le fief de Beauvais.

(4) Carte de Cassini au-dessus de la Tour-d'Oiré.

(5) Carte de Cassini, près du *Marchais*.

chais (1), *Le Perron* (2). Ces propriétés constituaient la part d'héritage de René dans la succession de sa mère Jeanne Brochard. Il en avait pris possession en 1622 et il les vendit en 1623, en même temps qu'une maison qu'il avait à Poitiers.

Au nord de Châtellerault, sur le territoire de la commune de Leigné-sur-Usseau, il existait diverses fermes dont jouit quelque temps René Descartes :

La Bretallière (3), *La Braguerie* (4), *La Durandrie* (5), *Monbaudon* (6), *La Parentière* (7).

Le Coudray (8) et *Panlois* (9), commune de Mondion.

Les *Bois de Montdidier* (10), près Vellèche.

Le 13 novembre 1572, Antoine Ferrand prend à rente, de Jacques Duplessis, abbé de N.-Dame-du-Pommier-Aigre, une pièce de terre, partie en vigne et partie en labour renfermée de fossés en laquelle il y a une maison située près Fontmore... tenant aux terres de Montdidier. (*Arch. Vienne*, reg. 242, p. 131.)

---

(1) Carte de Cassini, près de la *Grand-Maison*.

(2) *Hostel du Perron*, 1438, ne figure pas sur la Carte de Cassini.

(3) Carte de Cassini, près de la *Tour-Balan*.
  Pierre Descartes avait acheté cette seigneurie de son frère René après 1625. Le 9 mai 1642 il la revendit à Jacques de Ferrou, écuier, seigneur de la Chassagne. Des 6,500 livres, prix total de la Bretallière, 3,000 furent payées comptant. Pour le surplus Pierre Descartes donna sa procuration à François le Bossu, correcteur en la chambre des comptes de Paris, qui toucha la somme restant due, 3,500 à Châtellerault, dans la maison du sieur de Sossay, le 3 septembre 1643. (*Arch. Vienne*, E², 777. *V.* pièce justificative n° 24.) — Il est probable que les Cartes, commune des Ormes, furent vendues à la même époque à un certain René Auron. (*V. Dict. Carré de Busserolle*, t. XXVIII, 1879, p. 30.)

(4) Carte de Cassini.

(5) Carte de Cassini, au-dessus de *la Bretallière*.

(6) Carte de Cassini, au-dessous de *la Parentière*.

(7) Carte de Cassini, près de *la Bretallière*.

(8) Carte de Cassini.

(9) Carte de Cassini.

(10) Carte de Cassini, ancien fief relevant de celui de Marigny-sous-Marmande.

En ce qui concerne les immeubles situés dans les communes précitées du canton de Leigné-sur-Usseau, nous publions un document signé des notaires Contancin et Massonneau d'après lequel René Descartes vint à Châtellerault au mois de juillet 1625 pour y régler des affaires d'intérêt. Il avait alors vingt-neuf ans et cherchait à se décharger autant que possible de l'administration de ses biens trop absorbante pour un homme continuellement en voyage et dont l'esprit spéculatif était absorbé par d'autres préoccupations.

En effet, il résulte d'un acte passé à Châtellerault, le 12 août 1625 (1), que René afferme à Salomon Carré, chirurgien, Jean Carré, procureur, et Charles Fromaget, sergent royal, demeurant tous dans cette ville, la maison et les métairies de la Bretallière, de la Braguerie, de la Durandrie et du Coudray et aussi le fief de Montbaudon et la Parentière, ces divers immeubles lui appartenant en propre et assis dans les paroisses de Leigné-sur-Usseau, Mondion et Vellèche.

La procuration donnée le 25 juillet précédent (1625) à un sieur Jean Coutant, sergent royal, chargé de la location des biens ci-dessus énumérés atteste qu'à ce moment notre philosophe s'était rendu à Châtellerault où il descendit à l'hôtellerie de *L'Image Saint-André*, rue du même nom (2). René Descartes n'avait plus de logement particulier dans la ville.

Nous citerons encore quelques biens ayant appartenu aux

---

(1) *V.* pièce justificative n° 25.
(2) Entre celles dites Neuve-du-château au nord, des Moulins au sud. Ces trois rues sont perpendiculaires aux quais de la Vienne, sur lesquels elles débouchent au couchant. L'hôtellerie de *l'Image de Saint-André*, située à droite en allant à la rivière, fut remplacée par *la Robe-de-Loup*, auberge jadis renommée, qui elle-même a été démolie.

Ferrand-Rasseteau : *Le Jau*, commune d'Oiré (1) ; *La Fou-chardière* et *Beauvais* (2), commune de Saint-Christophe ; *Beaulieu*, à Vellèche.

L'ensemble de ces faits, d'une matérialité saisissante, prouve que la migration des familles est une loi que les circonstances de la vie imposent. Implantés à Châtellerault en 1543 par une modeste alliance, les Descartes y restent plus d'un demi-siècle. Le brillant mariage de Joachim avec Anne Morin en 1599 ou 1600 déplace les intérêts et les affections. Les uns disparaissent, les autres se rompent ou s'effacent. C'est alors que la Bretagne l'emporta sur le Poitou auquel restent incontestablement les origines du seizième siècle.

Pierre Descartes, seigneur de la Bretallière, qui fut comme son père Joachim conseiller au parlement de Bretagne, avait des propriétés à proximité de Châtellerault. La preuve en ressort d'un aveu très intéressant du fief du Savinier (3) rendu le 29 septembre 1621 à Marie de Bourbon, duchesse de Montpensier (4), par Jacques de Messemé, chevalier de l'ordre du roi, gentilhomme de sa chambre, seigneur du fief précité et de quelques autres assis en pays châtelleraudais.

Parmi les tenanciers de ce gentilhomme il y avait des censitaires et rentiers dont les héritages étaient contigus à

(1) *Le Jo*, carte de Cassini.
(2) Pierre Lermite, écuier, fils de Tristan, grand prévôt de Louis XI et lui-même panetier ordinaire du roi, était seigneur de *Beauvais* et de Mondion vers 1479.
(3) Près le couvent des Cordeliers et s'étendant dans la banlieue. — V. *Arch. Vienne*, C, 472.
(4) Et aussi de Châtellerault de 1608 à 1627. Elle était fille de Henri de Bourbon, duc de Montpensier, seigneur de Champigny-sur-Veude. C'est à ce dernier que Michel Ferrand, beau-frère du médecin Pierre Descartes, dédia l'opuscule de son frère Jean II Ferrand, ayant pour titre : *De febribus libellus* sur lequel nous nous sommes déjà expliqué.

ceux de Pierre Descartes, ainsi qu'il résulte des extraits suivants :

« *Item*, Hellie Porcheron, cherpentier, Jacques Vieillard, marchand, Françoyse de Laplanche, veuve Gilles de Lavau ...... tiennent de moy ung héritage en freresche appelé la Bergerie (1) en la paroisse de Pouthumé consistant en maisons, granges, cours... le tout tenant à vos terres de vostre seigneurie de Charlée (2)..., d'autre aux terres de Mr Jehan Sain, d'autre aux terres de feu maistre Pierre Canche, d'autres aux terres du sieur Descartes et d'autre à la terre de Me Honorat Bellon... »

Item, Louis Jostreau [et autres] tiennent de moi ce qui suit : premièrement un petit cloux de vigne situé proche le lieu de la Roglette paroisse de Pouthumé et de Saint Sauveur d'Abornay joignant... d'autre à la terre de monsieur Descartes, d'autre au chemin tendant de Bignoux à la Croix Saint Ouin... »

Dans cet aveu, nous relèverons encore des noms châtelleraudais : Jacques Audoyer, secrétaire de madame, sœur du roi, Barnabé Rasseteau, curé de l'église de Saint-Jean-Baptiste, Lebreton, chevalier, seigneur de Villandry, Turquand, maître des requêtes de l'hôtel du roi, Pierre Morier, avocat, Louis Fradin, marchand, hôte des Trois-Pigeons, Pierre Ferrand, sieur de Sossay, les héritiers de Fremin Poulle, hôte du Lion-d'Or, René Pidoux, assesseur civil, Marie Rasseteau, veuve de Pierre Baudy, Jehan Adhumeau, chanoine de N.-Dame de Châtellerault.

Nous ne poursuivrons pas davantage cette énumération que les détails minutieux des dénombrements fournis en

_____

(1) Hameau aujourd'hui de la commune de Châtellerault.
(2) Château, commune de Châtellerault.

vertu des exigences de la Coutume rendraient beaucoup trop longue. Toutefois, nous constaterons ici que l'étude sérieuse et méthodique des aveux est une source abondante et sûre de renseignements authentiques et précis sur les lieux, les usages, les noms et les familles. Le dénombrement « en détail et par le menu des terres et des droits » rend ces sortes de documents d'autant plus curieux qu'ils remontent davantage vers les siècles passés.

XIII

ERREURS A SIGNALER

Les ouvrages imprimés que nous avons parcourus pour traiter ce sujet d'histoire généalogique locale, si nous en exceptons Baillet, l'abbé Lalanne et Ropartz, ne nous ont fourni que des exposés sommaires sans grande valeur et quelque fois erronés.

C'est ainsi que dans l'*Introduction* précédant les œuvres de Descartes publiées par l'éditeur Lefèvre en 1879 nous rencontrons ce passage critiquable par sa légèreté.

« Descartes appartenait à une famille de la Touraine (c'est probable, mais non encore démontré). En effet, son *grand-père* l'avait quittée pour aller s'établir à Rennes où il avait été nommé conseiller au parlement de Bretagne ; *son fils, le père de Descartes*, lui succéda dans cette charge de conseiller ».

Voilà une génération de plus créée sans le moindre remords au sujet de l'exactitude. Joachim Descartes le père non contesté de René, et conseiller au parlement de Bretagne, aurait été lui-même le fils d'un autre personnage oc-

cupant déjà la même situation à Rennes. Cette généalogie
n'a trouvé d'écho nulle part; elle est inadmissible. Son auteur, par une de ces méprises qu'on commet sans même les
soupçonner, a substitué un descendant de Joachim à un as-
cendant qui n'a jamais existé.

Joachim Descartes, l'unique enfant de Pierre et de Claude
Ferrand, est le premier membre de cette famille qui ait occupé en Bretagne, à partir de 1586, la situation de conseiller
au parlement de Rennes. En 1618 il obtint pour son fils
aîné, Pierre, né à la Haye, comme René et alors âgé de
vingt-huit ans les provisions d'un office de conseiller à
la même Cour. Ce qui n'empêcha pas un autre fils, Joachim II, issu d'un second mariage avec Anne Morin, de
lui succéder en 1627.

Nous ne suivrons pas les Descartes au parlement de
Bretagne, nous bornant à dire que cette haute juridiction
où siégèrent tant d'illustres personnages fut pour eux, au
dix-septième siècle, une source d'honneurs lucratifs et l'occasion de mariages brillants et aristocratiques.

D'un autre côté, l'éditeur Charpentier a publié en 1880
les *Lettres de la présidente Ferrand au baron de Breteuil*,
lesquelles sont précédées d'une notice biographique rédigée
par Eugène Asse. En lui empruntant quelques lignes, nous
rectifierons les erreurs que nous y avons trouvées.

Il dit : « Le mari de Anne Bellinzani, l'auteur des
lettres, était Michel Ferrand qui venait de succéder à son
père dans les fonctions de lieutenant au Châtelet où il avait
d'abord été conseiller. La famille Ferrand, qui possédait
cette charge dès 1596 s'était fort poussée depuis moins de
cent ans dans la robe, dans l'administration et dans
l'armée. »

Antoine Ferrand, troisième fils de Jean Ier Ferrand, était-il est vrai lieutenant au Châtelet dès 1594.

Je continue la citation : « Originaire du Poitou, sa fortune remontait à Alexandre Ferrand, né à Champigny-sur-Vesle (lisez Veude), médecin de Claude de France, femme de François Ier et anobli par ce prince en 1554. »

Alexandre Ferrand décédé avant 1554 n'a pu être anobli à cette époque par François Ier, qui était mort en 1547. Mais il est cité en termes élogieux dans les lettres d'ano-blissement de Jacques Ferrand, son fils, d'octobre 1554. A-t-il été médecin de la reine Claude décédée en 1524, c'est possible, bien que les lettres précitées de Henri II rappellent seulement que cet Alexandre « demeurait à Champigny sur Veude, pays de Poictou ; » qu'il s'adonna au service de feu Louis de Bourbon, prince de la Roche-sur-Yon (1), pour le maniement de ses affaires et qu'il eut pour fils Jacques, entré au service du duc de Montpensier.

« Cet anoblissement (est-il encore dit dans la notice) avait été renouvelé par Charles IX en 1574, au bénéfice de son second fils, Jean Ferrand, médecin du roi de Pologne, plus tard Henri III. »

L'auteur est toujours en dehors de la vérité. Jean II Ferrand, anobli par Charles IX en janvier 1574, était le fils aîné de Jean Ier Ferrand, médecin de la reine Éléonore, seconde femme de François Ier et non pas le fils d'Alexandre, qui était son oncle, ainsi qu'on le verra dans les notes qui accompagnent la pièce justificative n° 34. Ces lettres de noblesse de 1574 furent confirmées le 18 février 1575 à Reims par Henri III à son avènement au trône. Jean II

(1) Deuxième fils de Jean II de Bourbon, comte de Vendôme; seigneur de Champigny de 1477 à 1520.

recevait ainsi la récompense des services qu'il avait rendus comme médecin au roi de Pologne avec lequel il revint en France.

Je poursuis mes citations : « Des trois fils de cet Alexandre Ferrand, l'aîné, Michel, lieutenant particulier au Châtelet en 1596, forma une première branche. »

Ici l'erreur se perpétue : Jean Ier Ferrand, oncle de Jacques, lequel était venu d'Alexandre, était le père de quatre garçons dont suit l'ordre de primogéniture.

Jean II Ferrand, médecin du roi de Pologne, plus tard Henri III.

Michel Ferrand, lieutenant-général à Châtellerault.

Antoine Ferrand, lieutenant au Châtelet de Paris.

Louis Ferrand, avocat au présidial de Poitiers.

Un certain Pierre Borel, médecin du roi, a publié en 1656 une vie abrégée de Descartes. Nous en extrayons ce passage :

« *Anno 1596. — Magnus ille vir, vitales auras haurire incepit inter Pictonum et Armoricorum, in Gallia gentem, in urbe Castrum Eraldium dicta, ex patre nobilissimo patriæ suæ senatore, cujus familia antiquissima nobilitate fulgebat, exque secunda ejus uxore unicus fuit. Non Angusta valde fuit ei domi res cum sex aut septem librarum millia pro reditu annuo habuerit.* »

Il serait inutile de relever ici les inexactitudes de cette courte notice écrite six ans seulement après la mort du philosophe, si nous ne voulions démontrer encore une fois combien les auteurs, dans les généalogies, se préoccupent peu d'approfondir la vérité sur des points qu'ils regardent comme secondaires. René n'a pas vu le jour à Châtellerault, c'est le regret des Poitevins, et il ne fut point le fils unique de la seconde femme de son père Joachim, Anne Morin, une bretonne, mais bien le troisième des quatre enfants de Jeanne Brochard, une poitevine, ainsi que cela a été surabondamment démontré. Quant à l'aisance du Philosophe se résumant en six ou sept mille livres de revenus, grosse somme pour l'époque, et que son désintéressement ne chercha pas à augmenter, tous les auteurs sont d'accord sur les circonstances qui lui créèrent une vie facile et indépendante se prêtant d'ailleurs à l'essor de son génie et à son humeur voyageuse. Un esprit aussi élevé n'avait rien de commun avec ces hommes d'un vulgaire positivisme se rivant à l'argent ou s'accolant à la terre. Le capital qu'il exploita le mieux fut celui de la pensée, dont la gloire solide rayonnera longtemps encore autour de son nom.

Nous verrons plus loin qu'il vendit tous ses biens du Châtelleraudais pour être complètement libre de ses actions.

Au recto du feuillet initial du livre de Ropartz, aussi impartial que bien documenté, on lit ce vers de Catherine Descartes, nièce du philosophe, au sujet duquel elle s'exprime ainsi :

Conçu chez les Bretons, il naquit en Touraine.

Le début de cette assertion est discutable.

Huit ans, quatre mois et quelques jours s'écoulèrent entre le mariage à Poitiers et le décès à la Haye de Jeanne Brochard, femme de Joachim Descartes (du 15 janvier 1589 au 13 mai 1597). Nulle part je n'ai trouvé dans le cours de mes recherches sur ce point qu'elle ait accompagné son mari à Rennes en juin ou juillet de l'année 1595, c'est-à-dire, neuf ou dix mois avant la naissance de René. S'est-elle même jamais rendue en Bretagne? — Je ne le crois pas. Pouvait-elle quitter Châtellerault ou la Haye, résidence de sa

mère Jeanne Sain, ayant déjà à veiller sur deux enfants en
bas âge, Pierre né en 1591, Jeanne, en 1593. Et, d'un autre côté, le voyage de Poitou en Touraine était long, difficile, périlleux en ces temps troublés par les excès de la Ligue. Aussi quand Joachim allait prendre à la Cour de parlement le premier semestre de février qu'il avait échangé
en 1592 contre le second semestre d'août, ne se mettait-il
pas en route sans de vives appréhensions. A diverses fois il
demanda et obtint d'être dispensé de la séance. C'est ainsi
qu'en 1592, 1593 et 1594 il ne se rendit pas en Bretagne.
Il avait toujours quelque prétexte valable de rester en Poitou, surtout à Châtellerault, sa résidence officielle, où il
passait plus que l'*otium semestre* prévu par les statuts de
sa Cour. Spécialement en 1595 il quitta Rennes à la fin de
mars et n'y retourna qu'au mois de février 1596 pour y
rester six mois, de telle sorte qu'il n'assista pas à la naissance de son fils René. Ces diverses circonstances rappro-
chées les unes des autres nous portent à croire qu'il y a
dans le vers de Catherine Descartes une erreur suivie d'une
vérité. Elle aura cédé aux égarements bien pardonnables
de son chauvinisme breton. Mais en définitive, où pouvait
bien être le père de René entre le mois de mars 1595 et
celui de février 1596, alors qu'il avait quitté la Bretagne?
En Poitou ou en Touraine, à Châtellerault chez sa mère
Claude Ferrand, veuve du médecin Pierre Descartes, ou à
la Haye chez sa belle-mère Jeanne Sain. Là seulement il
était attiré par ses affections et ses intérêts et il ne faut pas
chercher ailleurs le conseiller au parlement de Rennes.

Nous ne nous arrêterons pas davantage sur un point
de physiologie aussi scabreux. Il suffira, à l'appui de notre
thèse, d'avoir prouvé l'alibi du mari de Jeanne Brochard.

Nous nous permettrons de relever encore quelques inexactitudes de cet auteur sans y attacher d'autre importance.

P. 6. — Claude Ferrand, épouse de Pierre Descartes, était la sœur et non la fille de Michel Ferrand, lieutenant général de Châtellerault, ce dernier frère d'Antoine Ferrand, lieutenant au Châtelet de Paris.

Notre auteur ajoute, p. 9 :

« La famille de Claude Ferrand prépara tout naturellement la vocation parlementaire de Joachim. Son grand-père maternel étant lieutenant-général à Châtellerault; son oncle, Antoine Ferrand, était lieutenant-particulier au Châtelet de Paris, charge qui devint héréditaire dans la famille... »

S'il est vrai de dire que Joachim fut lancé dans la carrière parlementaire autant par les Ferrand que par les Brochard, il est bon d'ajouter que son grand-père maternel n'était pas le Michel Ferrand, lieutenant-général à Châtellerault, qui n'était que son oncle ainsi qu'Antoine, l'un et l'autre frères de Claude Ferrand, grands-oncles et aïeule de René Descartes.

Nous ne poursuivrons pas davantage ces critiques de détail.

XIV

LES MAISONS DESCARTES, GASPARD D'AUVERGNE ET TERRASSE

En venant du populeux faubourg de Sainte-Catherine, ce long boyau enserré à droite par la Vienne, à gauche par le chemin de fer, que dominent les gais coteaux du Châtellier, on entrait jadis dans la ville de Châtellerault par la

porte dite des Pelletiers pour enfiler en zig-zag la grand'rue
qui en était et en est encore une des artères principales.
Massée sur les bords de la rivière qui la protège et l'embel-
lit au couchant, défendue par de larges fossés à l'est, la
petite cité industrielle avait au moyen âge un aspect pittoresque que M. Godard, ancien maire de Châtellerault, a
su restituer dans son intéressant *Journal de raison d'une
famille châtelleraudaise.*

Nous allons faire une incursion rapide autour de l'église
de Saint-Jean-Baptiste, et cela sans sortir de notre sujet,
car elle aura pour objectif ce quartier si plein de souvenirs
où s'étaient groupés les ancêtres de notre philosophe. Nous
en indiquerons la demeure à l'aide de documents authentiques qui ne laissent aucune prise à l'incertitude.

La maison occupée par la famille Descartes existe encore
sous le n° 126 de la rue Bourbon, voie étroite, moins que
rectiligne, à laquelle les constructions modernes et les
remaniements utilitaires enlèvent chaque jour sa physio-
nomie vieillotte et son incohérence architecturale. Maisons
de bois, enseignes, sculptures délicates finement taillées
dans la pierre blanche du pays ont disparu sous les atteintes
de l'homme et les morsures du temps ; le quinzième et le
seizième siècle s'effacent, ne nous laissant que des épaves
à recueillir et des souvenirs à enregistrer.

Les propriétaires (1) de l'immeuble dans lequel vécurent
longtemps Pierre Descartes et Claude Ferrand, sa femme,
Joachim, son fils unique, ont bien voulu nous faire les honneurs de ce curieux et vénérable logis avec une complaisance dont nous ne saurions trop les remercier ici. Ils ont

_____

(1) Mⁱˡᵉ Elisa Treuille et Mᵐᵉ Magnan, sa sœur.

d'ailleurs pour leur habitation un culte intellectuel qui s'explique par des souvenirs historiques dont ils apprécient toute la valeur.

Avec son pignon aigu et son appareil régulier, avec ses sculptures qui entourent et décorent les baies de sa façade sur la rue, la maison Descartes a un aspect curieux et vénérable qui nous reporte aux constructions élégantes que le goût artistique de la renaissance avait inspirées aux architectes du seizième siècle. Un tel logis ne pouvait appartenir qu'à une famille riche et distinguée du pays. Entre autres sensations on éprouve celle-ci quand on la regarde.

On y accède par une porte élégamment ornementée et après avoir franchi un petit réduit voûté en forme de berceau et entouré d'un banc de pierre où les clients de Jean Ferrand et de son gendre, l'un et l'autre médecins, attendaient leur tour de consultation, on entre dans une petite cour où se remarque à gauche un puits. De là on gagne les salles du rez-de-chaussée tellement vastes qu'il a fallu les diviser pour les rendre habitables. Puis on monte au premier étage et aux greniers par un escalier de pierre en limaçon dont les spirales ont bien les formes gracieuses de l'époque. Mais, jusque-là, aucun signe particulier ne révèle les noms et le passage des anciens habitants de cette vieille demeure. Il s'y en trouve cependant, car après avoir franchi un passage qui conduit au fond à la seconde cour de l'habitation, on remarque en tournant à droite une grande fenêtre au haut de laquelle s'étalent les armes des Ferrand sculptées en relief au milieu du linteau de la baie. Deux pilastres cannelés et surmontés d'un chapiteau forment les montants de l'ouverture et lui impriment le cachet indéniable du seizième siècle.

En effet ce logis historique fut habité d'abord par Aimé
Rasseteau, mari de Prégente Brochard, dame de Laimé,
décédée à Châtellerault le 14 octobre 1544, puis il vint à
leur fille Louise, épouse de Jean I⁰ʳ Ferrand, médecin ordinaire de la reine, installé alors à Châtellerault. Ces derniers
l'attribuèrent en partage à une de leurs cinq filles, Claude,
femme de Pierre Descartes, aussi médecin dans la même
ville. Le fils unique des précédents, Joachim, possédait ce
logis en 1630 et le donna à son fils aîné Pierre qui le vendit
à Pierre Rasseteau, président de l'élection vers 1642. Le fils
de ce dernier en était propriétaire en 1673 (1), après quoi il
échut à un certain Charles Rasseteau, docteur en médecine,
vers 1719. En 1722, la maison appartenait à son fils
Pierre Rasseteau, conseiller du roi, lieutenant en l'élection
et maire de la Ville (2).

Un aveu non sans intérêt pour l'histoire de Châtellerault
nous apprend que la grand'mère du philosophe, Claude
Ferrand, veuve depuis longtemps du médecin Pierre Descartes, possédait, outre sa maison de ville, un jardin situé
dans le faubourg de Sainte-Catherine. En effet, à la date du
1⁰ʳ septembre 1580, Pierre de la Fons, contrôleur général
de la maison du roi de Navarre (plus tard Henri IV), déclare
tenir de Diane de France, légitimée du roi, duchesse de
Châtellerault (3), à hommage simple et au devoir d'un gant

(1) *V.* pièce justificative n° 27.
(2) *Archives Vienne.* Reg. 53, inventaire des titres de Chesne. — On lit dans
le papier et registre de recette de cens et rentes du marquisat de la Groye
et des fiefs de Chesne, Ingrande, Ferrière, Argenson, le Pin, Oyré et Marigny,
réunis au marquisat ce qui suit : une autre maison située dans ladite ville,
possédée par Mᵉ Pierre Rasseteau, conseiller du Roy, lieutenant à l'élection de
Châtellerault, au lieu et place de Mᵉ Charles Rasseteau, médecin, son père, au
devoir de 4 deniers de cens au dimanche d'après la Notre Dame d'aoust, dont
a esté donné déclaration le 17 août 1722, devant Massonneau, notaire ». (*Arch.
Vienne,* Eᵉ. Reg. 221, p. 288.)
(3) Née en 1538, fille naturelle de Philippe Duc, demoiselle Piémontaise et

blanc ou six deniers le fief de Vaucelles, « assis en faulx-
bourgs dud. Chastellerault, lequel fief se contient et comprend despuys la Croix Boullard, tendant au carroy de la
Rousselette et d'icelluy carroy montant par le grand chemin
par lequel on va à Antoigné, jusques au terroir du Chastellier et d'illecques tendant par le bas du long dud. terroir
et du long de la vigne Gasté et du champ des Febvresses, se
rendant jusques au bout des pavés desd. faulx bourgs Saincte
Catherine et du bout desd. pavez retournant à la Croix
Boullard, le tout du costé dud. Chastellier, au dedans des
quelles confrontations et fief tiennent de moy (Pierre de la
Fons). Les personnes qui s'ensuivent (1).

     « Premièrement, dame Claude Ferrand, dame des Cartes,
un jardin qui a autrefois appartenu à la vefve de Jean Coq,
tenant au logis et fondis de feu Macé Desneufs », puis
suivent d'autres noms de tenanciers, de toutes classes, qu'il
serait trop long d'énumérer ici. Nous nous bornerons à en
citer un appartenant à une famille châtelleraudaise très en
vue au seizième siècle, Antoine Dupuy, écuier, sieur de
Sossay (2), possédant dans le fief de Vaucelles un jardin dit
du Pinocher.

     Il est utile d'expliquer encore comment le petit fief de Vau-
celles était venu à Michel Ferrand, conseiller au parlement
de Paris, fils du lieutenant général de Châtellerault, personnage fortuné, de valeur, et cousin de Joachim Descartes.

---

de Henri II, alors duc d'Orléans et de Châtellerault. Le 22 juin 1553 Charles IX
lui avait donné à titre d'usufruit le duché de Châtellerault et ses dépendances;
elle en jouit de 1563 à 1582 et mourut en 1619.
     (1) Un autre aveu pour le même fief et seigneurie est rendu au roi en 1601
par Pierre de La Fons, sieur du Parc de Marconnay et du Pressoir, conseiller
et secrétaire du roi. — Claude Ferrand, dame Des Cartes, y figure encore
pour un jardin dont les tenants et les aboutissants sont exactement définis.
     (2) Beau-père de Michel Ferrand, lieutenant général à Châtellerault.

La famille de La Fons détenait primitivement le susdit fief. Un de ses membres ayant contracté de nombreuses dettes, notamment vis-à-vis d'un certain Clémenceau, docteur médecin à Châtellerault, la seigneurie de Vaucelles fut saisie, vendue par décret et adjugée en 1632 à Michel Ferrand susnommé pour la somme de cent cinquante livres ; puis le fief passa à sa petite fille unique, héritière de Pierre Ferrand, seigneur de Janvry, conseiller au parlement de Paris, tué dans une émeute en 1652 (1).

Un grand nombre d'aveux rendus par les tenanciers du seigneur de Vaucelles nous fournissent des indications curieuses sur la population du laborieux faubourg de Sainte-Catherine. En outre des divers corps d'état tels que boulangers, charpentiers, tisseurs de toile, cordiers, maçons, pileurs de chanvre, etc., il y avait un certain nombre de couteliers, dont nous rappellerons les noms pour la période comprise entre 1638 et 1671. Ces représentants de l'industrie si intéressante du fer qui n'a cessé d'être en honneur à Châtellerault, industrie qui se résume aujourd'hui dans quelques grandes fabriques voisines de la ville et le superbe établissement de la manufacture d'armes, s'appelaient : Jean Daillé, Pierre Rimbert, René Penigault, Pierre Boissonnet, Jean Rimbert, Jean Denichère et plusieurs autres. Certains de ces noms existent encore. Le faubourg de Sainte-Catherine était donc depuis longtemps un centre actif de fabrication coutelière qui s'est disséminée dans la ville ou établie dans les environs.

En insistant sur ces détails qui pourraient sembler inutiles à certains esprits, nous avons voulu dépeindre le milieu aristocratique, bourgeois surtout, dans lequel se sont élevés

---

(1) *Arch. Vienne*, E*. 69. — V. aussi p. justificative n° 28.

et ont vécu, aux seizième et dix-septième siècles, les ancêtres de l'illustre René Descartes. — Le cadre est destiné à faire valoir le tableau.

Et, à ce sujet, nous ferons remarquer que si les Ferrand et les Descartes ont contribué par leur situation nobiliaire et la culture de leur esprit à rehausser dans le pays châtelleraudais leurs alliés les Rasseteau et les Brochard, ces derniers, de leur côté, occupant des situations excellentes dans le commerce, la finance et les offices de judicature, apportèrent aux protégés des Bourbon-Montpensier, la fortune territoriale qui permit aux uns et aux autres d'accéder facilement aux charges les plus élevées et les plus honorables. C'est dans ce milieu social distingué et instruit que notre philosophe est apparu et c'est bien dans le Poitou, aux environs de Châtellerault, qu'il a recueilli les héritages qui, en lui rendant la vie facile, ont aidé à la complète expansion de son génie. Nous avons cherché partout les traces des biens que son père Joachim ou son aïeul Pierre lui aurait laissés en Touraine, nous n'en avons trouvé aucune. N'est-ce pas là une circonstance qui, jointe à beaucoup d'autres, rend quant à présent suspectes les généalogies qui font les ancêtres de René originaires de la Touraine?

A proximité de la maison Descartes, du même côté de la grand'rue, se remarquent encore quelques vieux logis intéressants. Nous citerons en première ligne celui de Gaspard d'Auvergne, personnage qui fut avec Pierre Descartes le médecin, parrain de René Brochard, né à la Haye, le 7 mai 1564 et frère de Jeanne Brochard, femme de Joachim Descartes. Les Descartes, les d'Auvergne et les Brochard étaient parents ou liés par une étroite amitié.

Si nous reculons de quinze ans en arrière, nous constatons que l'Écossais Jacques Hamilton, comte d'Aran; fut duc de Châtellerault de 1549 à 1559. Ce n'est pas le lieu d'exposer les raisons d'État qui décidèrent Henri II à engager à cet étranger un des beaux domaines du royaume, nous bornant à dire que le fils de ce duc fut à Châtellerault où il résidait un ardent propagateur des idées calvinistes. Les excès et les malversations de l'un et de l'autre firent retirer de leurs mains infidèles cet important duché, dont ils avaient joui pendant dix ans : il n'était que temps. Enfin, il nous suffira d'établir par un rapprochement nécessaire que la fortune des d'Auvergne, originaires du Limousin, date de cette époque et se rattache à un fait historique qui, commençant par une idylle, finit par le poison et dans le sang : évoquons ici le souvenir de Marie Stuart et de François II.

Les documents que nous avons consultés sur un des membres les plus en vue de la famille d'Auvergne nous apprennent que Gaspard fut avocat fiscal au siège de Châtellerault dès 1549 et que son père était Jean d'Auvergne, procureur du roi à Limoges, mari de Claude de Sauzay.

Ce Gaspard était un homme lettré et poète à ses heures ; du moins ses contemporains l'affirment. Bornons-nous à les croire sur parole. On a de lui une traduction de l'italien en français du *Prince* de Machiavel dédiée à Jacques Hamilton, alors duc de Châtellerault. Une préface développée précède ce travail d'érudition accompli à Châtellerault pour se faire bien venir d'un nouveau maître. Nous la reproduisons aux pièces justificatives sous le n° 29.

La notoriété de Gaspard d'Auvergne nous est surtout révélée par des poésies louangeuses que lui adressèrent des amis et compatriotes limousins tels que Jean Dorat, Jean

Maledan et Antoine Muret. Celui qu'on a appelé le prince
des poètes de son temps, Ronsard, l'avait également en
grande amitié. Quelques-unes de ses odes, datées de 1550,
sont offertes à Gaspard dont il cherche par des flatteries quelque peu hyperboliques à réveiller le zèle littéraire trop som-
nolent. Il ne craint pas de le gourmander ainsi :

> Que tardes-tu, veu que les Muses
> Tont eslargi tant de sçavoir
> Que plus souvent tu ne t'amuses
> A les chanter, et que tu n'uses
> de l'art quell'tont fait recevoir :
> Tu as le temps qu'i' faut avoir,
> Repos d'esprit et patience
> Doux instrumens de la science :
> Et toutefois l'heure s'enfuit
> D'un pié léger et diligent,
> Sans que ton esprit négligent,
> face apparoistre de son fruit.

Puis dans une autre de ses odes Ronsard lui dit encore :

> Gaspard qui aux bords de la Vienne
> As rebati Rome et Athènes.

Nous voyons dans ces deux vers une allusion aux travaux littéraires de Gaspard. C'est l'époque de la renaissance
des arts et des lettres se retrempant dans l'antiquité
grecque et romaine. Enfin, il n'est pas douteux que vers la
première moitié du seizième siècle Châtellerault n'ait tiré un
certain lustre de la protection du roi François Ier et de ses
fréquents séjours et passages (1) dans cette ville située à
proximité d'une forêt giboyeuse et du rendez-vous de chasse
plein de charmes de la Bérlandière.

(1) 1519, 1520, 1526, 1536, 1541.

Le bel hôtel du seizième siècle portant le n° 29 de la rue Bourbon et dont M. Arthur Labbé, un de nos distingués confrères, est aujourd'hui le propriétaire, n'aurait-il pas été la demeure de Gaspard d'Auvergne? Il est bien dans l'emplacement que désigne l'*Inventaire des titres du fief de Chesne*.

L'abbé Lalanne (1) a décrit ce logis :

« Façade orientale, décorée de plusieurs médaillons représentant des prophètes et des sybilles et d'une galère surmontant la porte d'entrée avec cette légende : *Il attend l'heur, Dieu pour conducteur.* »

Les armes des Hamilton sont : *écartelé, au 1 et 4 de gueules à trois quinte-feuilles d'argent, au 2 et 3 d'argent à un navire* (2).

Ce navire dont la providence doit enfler les voiles semble rappeler un quartier du blason de Jacques Hamilton que Gaspard d'Auvergne aurait fait sculpter sur sa demeure pour marquer la dépendance de son office d'avocat du roi au duché de Châtellerault. Cette hypothèse, qui peut être discutée, n'a rien d'impossible si on tient compte des rapprochements que nous venons de faire.

Une sentence du 25 juin 1583, rendue contre Perrette Du Puy (3), veuve de Gaspard d'Auvergne, indique l'emplacement de ce logis, mais il faut préciser. Ce n'est pas l'ancienne maison objet du devoir réclamé par le seigneur de la Groye et de Chesne, François d'Allogny, qui était celle habitée par les d'Auvergne, mais cette vieille demeure joignait par le devant « aux galeries, cour et aisances de lad. Du

(1) T. I, p. 124.
(2) P. Anselme, *Histoire généalogique*, t. V, p. 586.
(3) Fille de Pierre Du Puy, licencié-ès-lois, avocat fiscal à Châtellerault (5 avril 1529) (*Arch. Vienne, E*, 742*).

Puy et par le derrière à la maison, cour et aisances de Simon Lucas, avocat, sieur de la Croix-Boulard, et par deux côtés aux étables, cour et aisances de Claude Ferrand, dame Descartes, et aux establés de la maison Andrée Thomas, femme de Jean Lebeau, sénéchal de Montmorillon, une ruelle par la quelle on va aux dites establés entre deux et par l'autre côté aux murailles de la ville, une petite ruelle aussi entre deux ».

Terminons par une anecdote dans laquelle Gaspard d'Auvergne figure à son avantage ; l'homme de tact s'y révèle.

Le 26 février 1564, au milieu des agitations politiques et des luttes religieuses, les Châtelleraudais avaient adressé à Charles IX une supplique pour être déchargés des frais de construction du pont en pierre destiné à relier la ville au faubourg de Châteauneuf. Ce prince se montrant libéral consentit à édifier l'ouvrage aux dépens du trésor royal et chargea le Général des finances de Languedoc, Charles Chevalier, sieur des Prunes, en résidence à Poitiers, de procéder à l'étude d'un projet qui, réalisé, excita l'admiration envieuse des provinces voisines et des voyageurs étrangers.

Le texte de l'enquête ouverte à cet effet le 22 décembre 1564 en vertu de lettres patentes du 10 août précédent est rempli de détails intéressants et caractéristiques que nous ne saurions trop faire ressortir ici.

En effet, le médecin Pierre Descartes, son ami Gaspard d'Auvergne, Gaultier Rasseteau, lieutenant-général de Châtellerault, apparaissent dans ce long et intéressant document local. Le premier est un notable très en vue, très apprécié pour sa science médicale et que nous connaissons déjà ; le second est un officier de judicature secondaire ; le troisième un membre de la grande famille des Rasseteau, qui marche en tête de la sénéchaussée. Il est déjà vieux ; Pierre Descartes et Gaspard d'Auvergne sont dans la force de l'âge. Pour arriver au fait nous ajouterons que les manans et bourgeois de Châtellerault n'avaient répondu qu'avec une extrême indifférence à l'appel du Général des finances qui en attendait certainement mieux. Piqué au vif d'une abstention que rien ne semblait justifier, le commissaire royal crut devoir charger le lieutenant-particulier de stimuler le zèle des abstentionnistes et de les faire coopérer à l'enquête. Il ne pensait pas au mouvement de susceptibilité que son choix devait faire éclater et qui est ainsi raconté dans le procès-verbal du 22 décembre 1564.

«... Et néantmoins, attendu le peu de nombre qui a comparu et affin d'entendre et recueillir la voix des autres habitans absens et se transporter à cest effect en leurs maisons, avons commis et deputé en notre lieu lesd. Dauvergne, assesseur, et Canche, commis du greffier. A ce led. lieutenant général a dit que telle commission ne se pouvoit adresser, luy présent, aud. assesseur son inférieur ou postérieur sans le noter de quelque mépris ou indignité, et que parce, pour montrer de sa sincérité, il offre prester pour l'exécution d'icelle, service du roy et du bien public, toute submission et nous y rendre obéissance sur nostre commision sans aulcun sallere ne vaccation. A quoy a esté dit par led. lieutenant particulier : led. lieutenant général ne se peult prétendre par telle délégation spéciale contempné en son estat parce que nous pouvons par vertu de nostre commission et pour icelle executer subdelléguer telles personnes qu'il nous plaira et que encores que led. lieutenant particulier n'aye désiré, ne demandé telle charge, touttefois offre de faire son debvoir pour le service du roy s'il nous plaist

la luy donner, et en cela ne luy sera aulcun préjudice à la pré-
rogative que led. lieutenant général prétend sur luy ; lequel
touttefois il n'entend recongnoistre pour son supérieur,
pour ce que led. lieutenant général n'est réformateur de ses
sentences, ains seullement nos seigneurs de la cour de parlement ou messieurs du siège présidial de Poictiers; bien
s'accorde led. lieutenant particulier seconder led. lieutenant
général en ordre pour les faicts de la judicature, en quoy
il offre comme il à tousjours cy devant faict le recongnoistre en son rang et de n'entreprendre rien sur ses préhémi-
nences; sur quoy oÿ ce que dessus et aultres raisons allé-
guées par lesd. lieutenans général et particulier leur avons
dict que pour ne commencer cest affaire insultement, ils
exécuteront ensemblement nostre commission, déclarans
touttefois pour lever toute oppinion maulvaise aud. Rasseteau que n'avions entendu mettre en dispute ou taxer son
honneur, commectans lad. charge aud. assesseur, ains seulement pensé de gratiffier à son âge et aux justes occupations
qu'il peult avoir en l'expédition de la justice ordinaire et
aussy que sommes en liberté de commectre, pour l'exercice
de nostre charge, tel que bon nous semble » . . . .

Je trouve que les arguments du lieutenant général Rasseteau n'ont pas été à la hauteur de sa susceptibilité ; que la
réplique de son subordonné Gaspard d'Auvergne n'est pas
sans valeur; enfin que le sieur des Prunes, fort de sa commission et plus calme dans son attitude, sut mettre chacun
des officiers du roi à sa place, une telle dispute lui parais-
sant dans la circonstance aussi ridicule qu'inopportune.
Et puis, disons-le bien vite, n'est-ce pas l'éternelle histoire de l'égoïsme personnel ou de l'amour-propre froissé
se substituant à l'intérêt général ?

Après l'hôtel de Gaspard d'Auvergne (1) venait celui des Descartes, que nous avons décrit plus haut, et, à la suite du dernier, la maison Terrasse joignant d'une part au logis du feu sieur Descartes et dame Claude Ferrand, sa veuve, d'autre part à la maison et Jeu de Paulme de Jean Tongrelou, et par le devant à la grande rue tendant de la porte Sainte-Catherine aux Petits Bancs et par le derrière à la maison de Simon Lucas, sieur de la Croix-Boulard (2).

De telle sorte que ces divers logis se présentaient dans l'ordre suivant à gauche en entrant dans la rue Bourbon par la porte Sainte-Catherine.

1° la maison Gaspard d'Auvergne.

2° celle des Rasseteau — Ferrand — Descartes.

3° celle des Terrasse.

XV

LA PAROISSE DE SAINT-JEAN-BAPTISTE DE CHATELLERAULT
AU SEIZIÈME SIÈCLE

Diverses notes empruntées à un registre paroissial de l'église de Saint-Jean-Baptiste de Châtellerault tenu par un vicaire appelé Pierre Aimeteau et remontant au règne de François Ier (15 février 1540 v. s.) nous permettent de jeter un coup d'œil rapide sur la société châtelleraudaise vers le milieu du seizième siècle (3). En général, ces sortes de mémoriaux de sacristie écrits au jour le jour, des naissances, des mariages, et des décès, facilitent par leur exac-

---

(1) V. pièce justificative n° 30.
(2) V. pièce justificative n° 31.
(3) Nous devons la communication de ce manuscrit à M. Guéritault, ancien professeur de l'Université ; nous ne saurions trop l'en remercier ici.

titude la connaissance réelle des noms et des dates et aident
à mettre au point les hommes et les événements. Malgré
leur concision, il faut regretter que beaucoup de ces registres aient été perdus ou soient encore soustraits aux investigations de chercheurs désintéressés, quand ils pourraient
être remis aux dépôts publics où ils seraient utiles à tous.
Moins anciens que ceux de Poitiers (1), les registres connus
de Châtellerault, à l'exception de celui dont nous parlons, se
réfèrent à la fin du seizième siècle, encore n'y en a-t-il qu'un,
celui de la paroisse de Saint-Jean l'évangéliste de Châteauneuf, qui, à la date du 6 février 1592, rappelle incidemment
la défaite et la mort sur les bords de la Vienne d'un ligueur
endurci, Georges de Villequier, vicomte de la Guerche (2);
à Poitiers, le doyen vénérable des registres paroissiaux est
celui de Sainte-Opportune, remontant à 1539. Le manuscrit
du vicaire Aimeteau est donc moins vieux d'un an.

Malgré ses lacunes et ses incohérences, on y trouve des
détails intéressants et typiques sur les rues, les maisons et
les familles établies au nord de la ville dans le quartier Saint-
Jean-Baptiste, à proximité du faubourg de Sainte-Catherine, il y a trois cent cinquante ans et plus; sur les pratiques
et les habitudes du clergé et des fidèles à cette époque reculée où les calvinistes commencent à engager pacifiquement
la lutte des idées nouvelles contre les anciennes croyances
pour en venir bientôt aux mains avec les catholiques.

Nous relèverons ici, sauf à renvoyer le lecteur à la pièce
justificative n°32, les parties les plus saillantes du manuscrit de Pierre Aimeteau. Les diverses classes sociales y figu-

---

(1) *Sainte-Opportune*, 1539, *Saint-Jean-Baptiste*, 1543.
(2) *V.* notre récit du combat d'Isle, dans les *Mémoires de la Société des
Antiquaires de l'Ouest*, année 1895.

rent et se confondent dans les sacrements du baptême et du mariage, dans l'égalité devant la mort, depuis. « l'homme de bras» jusqu'au riche bourgeois de la petite cité, aux officiers du duc et aux chanoines prébendés de l'importante collégiale de Notre-Dame.

Cette nomenclature rétrospective ne manque pas d'intérêt. La voici.

François Baudy, — Jean Bodin l'aîné, prêtre, — Pierre Bonenfant et Marthe, sa femme, dont le fils baptisé le 26 juin 1540 eut pour parrain maître François De la Vau et Nicolas Boudoire, pour marraine Prégente Brochard, — Jean Boissière, fruitier de la reine, — Gilles Dorin, chanoine de l'église collégiale de Notre-Dame de Châtellerault, — Marion Dupond, alias Brigandinière, mère de Jean Ferrand, médecin, morte dans sa chaise auprès du feu, — Aimé Rasseteau et Jean Ferreau, procureurs de la fabrique de Saint-Jean-Baptiste, — Jean Deringère, boucher, de la paroisse de Saint-Jean l'évangéliste de Châteauneuf, — Pierre Angelard, — Jean Peninault, curé de Châteauneuf et chanoine de N.-Dame, — Michel Roiffé, notaire, et Françoise Creuzenot, sa femme, — Olivier Papillaud, curé de Coussay-les-Bois, — Jacques de Fougères, sieur de Haultmont, — Laurens Rivière, — Jean Loriot, seigneur du Chapeau-Rouge, hôtel situé dans la grand'rue, — Jean Ferrand, médecin de la reine, — Prégente Brochard, enterrée à côté de l'autel de St-Étienne « au mitan de l'église auprès d'une petite tombe ronde », — Les Lucas, seigneurs de la Croix-Boulard, — Le Cygne-Treiller, devenu la Croix-Boulard et plus tard la maison de la juridiction consulaire, — L'hôtel du Cygne existait dès 1426. (v. p. 319 de mes *Etudes sur le Châtelleraudais*, aveu de Chêne), — Briaud, lieutenant des prévôts des maréchaux, — Antoine du Puy, chanoine de N.-Dame, après avoir été secrétaire de l'archevêque de Rouen, — Barthélemy de la Vau, fermier du greffe de Châtellerault, — Charles de la Mothe, docteur en droits, conseiller du roi, lieutenant-particulier du duché de Châtellerault,— Geoffroy Pastoureau, licencié ès-lois, pourvu le 16 juillet 1541, sur la présentation de Charles d'Orléans, second fils de François Ier, duc de Châtellerault, de l'office de juge des exempts et cas royaux de ce même duché, puis lieutenant-général de la sénéchaussée des juges de Châtellerault où il mourut le 7 septembre 1549 et fut enterré dans l'église de Saint-Romain. — C'est lui qui désigna en 1543 le médecin Pierre Descartes à l'effet de visiter de prétendues blessures faites à un enfant de chœur de l'église collégiale de Notre-Dame de Châtellerault par le maître de la psallette (cette pièce curieuse est aux archives de la Vienne, G^8 2), — Joachim Lange, assesseur au duché de Châtellerault, — Anne Fuzelier, mère de Jean Terrasse, sommelier du roi, — Jean Brochard, sergent royal, mort en 1549, — Bertrand de la Roche, — Jean Turquand, marchand de draps, — Jean Aimeteau, vicaire de Saint-Jean-Baptiste, auteur du manuscrit dont viennent ces détails, lequel raconte avec une certaine philosophie que le 8 décembre 1550 « tout son argent et son or, qu'il avait cachés dans un moutardier de bois de Saint-Maixent, lui furent volés ».—En octobre 1551, la peste sévissant à Châtellerault, par mesure de prudence les corps ne sont plus apportés à l'église, — Georges Nisseron, orfèvre, meurt de la contagion, ainsi qu'un grand nombre d'enfants, — Guillaume Canche, greffier de la cour ordinaire de Châtellerault, sa signature se voit sur une quantité de pièces conservées aux

Archives de la Vienne, — Gautier Rasseteau, lieutenant-
général de Châtellerault, le même qui avait reçu le 11 juin
1544 les provisions de l'office de conservateur, des privilèges royaux de l'université de Poitiers, en remplacement
de Mathurin Roigné, décédé.

Quelques-uns des noms que nous venons de citer se sont
perpétués dans certaines familles châtelleraudaises et en
attestent l'ancienneté.

D'après le même registre du vicaire Aimeteau, il existait
à l'intérieur de l'église Saint-Jean-Baptiste ou à sa proximité nombre de chapelles privées : celles des Haultbois et
des Guillards, — des Fonts baptismaux, — du Sépulcre, —
de Sainte-Catherine, — de la Mothe, — des Rasseteau, —
des Bonneaux et autres. On enterrait alors un peu partout
sans souci des règles de l'hygiène, dans l'église et ses chapelles, sous le ballet et il ne faut pas oublier que la tombe
du médecin Pierre Descartes a été découverte aux environs de Saint-Jean-Baptiste, dont sa demeure était voisine.

On peut encore tirer du manuscrit Aimeteau d'autres
renseignements locaux sur les personnes et les choses au
milieu du seizième siècle.

Ainsi les notaires y étaient au nombre de six :

Aymer Pigeon (1541), Gilles Groteau (1541-1542), Michel
Royffé (1542), Jean Massonneau (1547), Jean Philippe
(1551), Jacques de La Lande, seigneur de Moulins, notaire et
secrétaire du roi (1547). A ces noms il faut ajouter ceux de
Michel Bodin (1542-1551), Simon De Lavau (1541-1548).
Ces deux derniers rédigèrent en 1543 le contrat de fiançailles de Pierre Descartes avec Claude Ferrand ; — nous
ne pouvions négliger ce détail.

Au nombre des médecins, sans compter les trois docteurs

déjà cités, les deux Ferrand et Pierre Descartes, se trouvaient Pierre Roland (1542), Jacques Legay (1550) ; un apothicaire du nom de Jacques, figure à la date de 1543.

Les noms de quelques avocats sont aussi à rappeler : Jean Le Grand, seigneur de Londière, Jean Mitault (1549), François Creuzenot, sieur de la Ferrandière, Joachim Lesné, etc.

Sur les rues, les carrefours, les enseignes, les ponts on remarque : les rues de Montmorillon et de la Taupanne, le Carroir de la Barre ; les enseignes des Trois-Rois, l'Image de Saint-Jean, La queue du Renard ; le Petit-pont sur la douve, non loin du ballet de l'église St-Jean-Baptiste et du cimetière des Minimes.

Enfin il y a à signaler la chapelle de St-Blaise dans le faubourg de Ste-Catherine et la fontaine de Picfol (Pifou) ; d'autres indications sont encore à relever, mais elles figureraient mieux dans une description de la ville de Châtellerault, en 1541.

XVI

LES PORTRAITS DE MICHEL FERRAND, DE MARIE DUPUY, SA FEMME, ET DE RENÉ DESCARTES

M. le Comte Ferrand, descendant de la branche cadette formée par Antoine, un des quatre fils de Jean Ferrand, médecin de la reine Éléonore, possède diverses toiles de famille aussi curieuses par leur ancienneté que par leur remarquable exécution. En voici l'inventaire :

Le premier de ces portraits est revêtu de cette inscription :

Jean Ferrand, écuier de Henri II, épousa Louise Rasseteau. — 1547 (1).

MICHEL FERRAND,
lieutenant général de Châtellerault (2).

Sur le second on lit : *Michel Ferrand, lieutenant général et Sénéchal d Châtellerault. — 1568* (3).

(1) C'est l'année de l'avènement de Henri II au trône (31 mars 1547).

(2) Les reproductions insérées dans ce travail sont dues au concours tout désintéressé de M. Alfred Perlat, l'habile photographe de la Société des Antiquaires de l'Ouest, dont il est membre.

(3) Cette même date inscrite sur le portrait de sa femme semble se rapporter à l'époque de leur mariage.

Sur le troisième : *Caterine Dupuis, femme de Michel Ferrand, Sénéchal à Châtellerault. — 1568* (1).

MARIE DUPUIS,
femme de Michel Ferrand.

Sur le quatrième : *Antoine Ferrand, lieutenant particulier au Châtelet. 1581.*

(1) C'est bien là le costume bourgeois, simple et sévère, du règne de François II et de Charles IX. La coiffure de Marie Dupuis est originale et carac-

Sur le cinquième : *Anthoine Ferrand, escuyer, lieutenant au Châtelet de Paris. 1596.*

Le sixième portrait est celui de *Nicolas Ferrand*, fils du précédent et de Marguerite Morot, reçu auditeur des comptes le 13 août 1641 au lieu de Nicolas Colbert.

Le septième représente Colombe de Périgny, sa femme.

Le huitième, *Michel Ferrand*, capitaine aux gardes, brigadier des armées du roi, major général du duc de Vendôme à l'armée de Catalogne, chevalier de Saint-Louis.

Le neuvième, *Michel Ferrand*, son fils, capitaine aux gardes, brigadier des armées du roi, chevalier de Saint-Louis.

Le dixième, Anne de Violaine, femme du précédent.

Le onzième, *Michel Ferrand*, leur fils, ancien officier aux gardes, conseiller au parlement, chevalier de Saint-Louis.

Le douzième, Victoire de Razilly, femme du précédent.

Le treizième, le Vicomte *Jules Ferrand*, préfet sous la Restauration, grand-père du Comte Ferrand auquel appartient cette précieuse collection de portraits de famille.

Ce dernier possède en outre celui de son père Ludovic *comte Ferrand,*

Puis ceux :

de *Michel Ferrand*, doyen du parlement de Paris 1646 ; — de Madeleine Ferrand, veuve de Guillaume Gouffier, à l'âge de 74 ans — 1656 ; — de son mari avocat général au parlement de Paris.

---

téristique. « Le petit béguin ou coiffe de soie porté dessous le chaperon, dit Quicherat (*Histoire du costume en France*), était alors appelée *cale*, nom consacré d'un objet semblable en toile, qui était devenu d'un usage général dans l'église. Pour sortir par les temps froids, on attachait aux oreillettes du chaperon une pièce carrée qui couvrait le bas du visage au-dessous des yeux, comme une barbe de masque. Cette pièce s'appelait *touret* de nez ou cache-nez. Les mauvais plaisants dirent par dérision *coiffes à roupies.*

M. le Comte Ferrand a également une médaille d'argent
frappée en l'honneur d'*Antoine Ferrand*, qu'il décrit ainsi :

RENÉ   DES - CARTES
Chevalier Seigneur   du Perron
Né en 1596.   et Mort en 1650

sur la face il est représenté en costume de magistrat.
L'exergue porte : *Ant. Ferrand Urb. Paris. proprætor*

(ÆT. 81) — Sur le revers les armes comme la branche les portait avec la devise : *Non feriunt sed tuentur.* — 1686.

Telle est la description sommaire de cette intéressante galerie des portraits conservés avec un soin jaloux par les descendants du médecin de la reine Éléonore : souvenirs précieux qui rappellent aux vivants les mérites et les vertus de ceux qui ne sont plus depuis longtemps.

Nous aurions voulu ajouter encore à cette minuscule exposition rétrospective de physionomies typiques du seizième siècle les traits de quelques-uns des alliés de la famille Descartes ; mais, s'il en existe, il ne nous est tombé sous la main aucune œuvre picturale, aucun dessin faisant revivre les Rasseteau, les Brochard, les Sain. Nous sommes donc empêché, quant à présent, de réaliser une intention qui eût donné quelque relief à cette étude locale. Toutefois, le portrait de René Descartes nous fera oublier une lacune dont nous sommes irresponsable et que l'avenir nous permettra peut-être de combler.

La gravure de la page 159 est la reproduction d'une peinture de François Hals, artiste flamand du dix-septième siècle. Ce serait le meilleur et le plus authentique des nombreux portraits du grand philosophe. Il est incontestable que les statuaires se sont inspirés de cette œuvre réaliste exécutée vers 1632, dont l'original est au Louvre et une bonne et vieille copie au musée de Tours. Charles Blanc (*Histoire de l'école des peintres flamands*) parle en termes élogieux de Hals qu'il considère comme le premier portraitiste de Flandre après Van Dyck. Écoutons-le :

« Nul doute qu'on ne doive d'ailleurs reconnaître dans François Hals, dans le prétendu héros des cabarets de Harlem, un artiste patient quelquefois et toujours sagace,

un peintre doué d'un sens particulier pour rendre le caractère individuel des physionomies. Voyez au Louvre le portrait de Descartes ! l'œuvre n'est pas des plus fortes et Hals
a souvent peint d'une manière plus ferme et plus accentuée ;
mais cette peinture est doublement curieuse, soit parce
qu'elle nous conserve, sans mensonge, les traits maladifs
et presque vulgaires d'un grand génie philosophique, soit
parce qu'on y peut lire nettement le système pittoresque de
François Hals. Jamais le sincère artiste ne transigea avec
la vérité, si disgracieuse fût-elle ; jamais il ne s'égara à la
poursuite d'un chimérique idéal. Descartes, — on peut, je
suppose, le rappeler sans outrager cette grande mémoire, —
Descartes n'avait reçu en partage qu'une beauté médiocre ;
Hals a religieusement conservé, dans son portrait, tous les
éléments d'une laideur qui n'exclut cependant ni la finesse
ni l'intelligence. Cet ouvrage a déjà été gravé bien des fois,
et c'est désormais l'image authentique et pour ainsi dire
définitive du hardi penseur tourangeau. »

Ainsi, le seigneur du Perron n'était pas beau sans être trop
laid. Qu'on en juge soi-même. L'opinion d'un fin critique
d'art tel que Charles Blanc doit cependant nous guider.

Le 10 vendémiaire an XI, le buste du philosophe avait
été donné par le gouvernement à la municipalité de la Haye.
C'était un premier mais insuffisant hommage à la mémoire
de Descartes. Plus tard, le 23 septembre 1849, on lui éleva
sur la place de la petite ville tourangelle une statue coulée
tout près de là, à Abilly-sur-Claise, et due au célèbre sculp-
teur Nieuwerkerke (1). L'artiste, s'inspirant du portrait de
Hals, représente le philosophe tel que l'ont dépeint ses con-

(1) C'est une reproduction de celle de Tours.

temporains : taille au-dessous de la moyenne, tête grosse, figure sévère et méditative. L'aspect général du bronze est saisissant et laisse dans l'esprit une impression qui s'y grave profondément.

Rappelons en quelques mots les vicissitudes des cendres de ce grand homme que la France revendiqua dix-sept ans après sa mort — tardivement !

Descartes mourut à Stockholm, le 11 février 1650, à l'âge de cinquante-quatre ans (1). Chez les grands génies il arrive souvent que les efforts de l'esprit affaiblissent et tuent la matière. Une fièvre inflammatoire, disent les uns, une fluxion de poitrine affirment les autres, emporta le philosophe déjà miné par le chagrin que ses ennemis lui avaient causé.

Le corps de Descartes fut enterré dans le cimetière de l'hôpital des Orphelins (2) suivant l'usage des catholiques. Là, Pierre Chanut, ambassadeur de France (3) auprès de la reine Christine, lui fit élever un cénotaphe revêtu de deux inscriptions dans l'une desquelles nous lisons ces mots... *Ex antiqua et nobili inter Armoricos et Pictones gente, in Gallia natus accepta...* Ce qui pour nous veut dire que la famille Descartes, originaire du Poitou, se répandit ensuite en Bretagne.

En 1663, M. de Terlon, ambassadeur en Suède et successeur de Chanut, obtint, avec l'appui de Louis XIV, l'autorisation de transporter en France les restes de Descartes. L'exhumation eut lieu en 1666 et le corps, enfermé dans un cercueil de cuivre, resta quelque temps déposé à l'hôtel de

(1) Pour être plus exact, à l'âge de 53 ans 10 mois et 11 jours.
(2) *Nord-Malmai.*
(3) Conseiller d'Etat ordinaire. Il était de Riom. Il mourut en 1662, laissant des mémoires qui ont été publiés après sa mort.

l'ambassadeur en attendant le jour du départ pour la France.

A l'arrivée de ce cercueil à Paris, en janvier 1667, il fut déposé provisoirement dans l'église Saint-Paul.

Le 24 juin de la même année, on le transporta avec une grande pompe à l'église Sainte-Geneviève où il fut placé dans un caveau creusé près de la muraille entre la chapelle dédiée à Saint-François et celle de Sainte-Geneviève.

En 1669 les précieux ossements furent déposés dans un tombeau dû à la munificence de M. Dalibert, trésorier de France, un des amis du philosophe. Le monument était revêtu d'inscriptions dont je me borne à extraire ces mots : *Nobilis genere, Armoricus genti, Turonicus origine.* — Là le Poitou est omis ; le P. Lallemant était moins bien informé que l'ambassadeur Chanut, qui reçut les confidences de Descartes.

Jusqu'à la Révolution, la mémoire de Descartes resta en paix, soit par oubli, soit par indifférence. Mais le 2 octobre 1793, Joseph Chénier proposa de transférer au Panthéon les restes de notre grand homme. Malgré l'enthousiasme que réveillait alors dans les esprits surchauffés le souvenir des citoyens ayant bien mérité de la patrie, l'initiative de Joseph Chénier ne fut pas suivie d'exécution.

Toutefois, à la fin de la même année 1793, le tombeau et les cendres de Descartes retirés de l'église de Sainte-Geneviève furent transportés au musée des Petits-Augustins. Arrivé à ce point de nos recherches nous ne saurions négliger l'intéressante description du jardin du *Musée des Monuments français* par Alexandre Lenoir.

En sortant des salles, on traverse trois cours qui sont elles-mêmes décorées avec les débris d'anciens bâtiments tirés des châteaux d'Anet, de Gaillon et d'une chapelle gothique. Ces cours conduisent dans un vaste jardin planté en forme d'Élysée. Là dans des sarcophages posés sur le gazon, entourés de cyprès, de myrtes et de roses, reposent les cendres de Descartes, de Molière, etc. » — Puis l'auteur décrit en style précis mais amphigourique le n° 507 du musée, « sarcophage en pierre dure et creusé dans son intérieur contenant les restes de René Descartes, mort en Suède en 1650, supporté sur des griffons, animal astronomique, composé de l'aigle et du lion, tous deux consacrés à Jupiter et l'emblème du soleil dont ils représentent le domicile. Des peupliers dont la cime monte aux nues, des ifs et des fleurs ombragent ce monument érigé au père de la philosophie, à celui qui le premier nous apprit à penser. On lit sur ce monument cette seule inscription : *Restes de René Descartes, mort en Suède en 1650.* »

Le 26 février 1819, les restes de Descartes, de Mabillon et de Bernard Montfaucon, déposés, comme nous venons de le dire, dans le jardin des Petits-Augustins, furent retirés des tombeaux qui les renfermaient, « recueillis avec une religieuse attention » dans trois cercueils de chêne préparés à cet effet et transportés dans la grande salle du dépôt des Petits-Augustins et de là transférés dans l'église de Saint-Germain-des-Prés (1). — C'est là qu'on devrait trouver les ossements de René Descartes et, s'il en existe, c'est à la Haye qu'il faudrait les déposer.

D'ailleurs, aussi vénérables qu'ils puissent être, ils ne sont pas destinés à figurer dans un reliquaire malgré l'orthodoxie du philosophe; l'éclat de sa mémoire nous suffit.

Le bon La Fontaine a mis à son point :

_____

(1) *Moniteur* du 1er mars 1819.

Descartes, ce mortel dont on eut fait un Dieu
Dans ces siècles passés, et qui tient le milieu
Entre l'homme et l'esprit......

L'enthousiasme doit avoir pour bornes la raison.

XVII

COUP D'ŒIL RÉTROSPECTIF SUR LES FAMILLES RASSETEAU, SAIN, BROCHARD ET DE SAUZAY

Toutes les quatre habitaient le pays châtelleraudais dès le quinzième siècle, avant d'être alliées aux Descartes dans la personne du mari de Claude Ferrand.

Les Rasseteau sont originaires de Châtellerault.

Le 20 août 1426, d'après l'aveu de Chesne (commune d'Ingrande), consigné dans le *Livre Noir* (1) rendu par Guillaume de La Lande au vicomte de Châtellerault, nous voyons que Jean Rasseteau (et non Rosseteau, comme l'écrit partout Ropartz) à cause de Jeanne Dupuy, sa femme, tient du susdit Guillaume de La Lande, en la ville de Châtellerault, l'hôtel dans lequel il demeure à présent avec le verger, touchant ledit hôtel et verger au chemin tendant du carroir qui est devant la maison Rémond Porchères, droit à l'église Saint-Jean-Baptiste d'une part, et à la maison et verger de Thévenin Dexmier, d'autre part, avec ce, une maison, fondis et appartenances assis en la dite ville, joignant au cimetière de l'église de Saint-Jean-Baptiste, d'une part, et à la rue tendant de cette église à l'hôtel du Cygne, d'autre part, et à la maison de feu Jean Rousselot et au verger de feu Guillaume Vassault... Thevenin Desnier, une

(1) V. *Etudes sur le Châtelleraudais*. Mém. Antiq. de l'Ouest, 1893, pp. 318 et s.

maison séant en ladite ville, touchant d'une part à la maison dud. Rasseteau et d'autre à la maison de Jean Bienvenu, cordonnier, d'autre part et à la Grand'rue.

Les Rasseteau étaient donc implantés à Châtellerault au commencement du quinzième siècle. Plus tard ils s'y firent une place honorable dans les offices financiers et la magistrature locale, ainsi que nous allons le voir.

Pierre Rasseteau, descendant de Jean, ce dernier marié à Prégente Brochard, en eut deux enfants, un garçon, Aimé, une fille, Louise, épouse de Jean Ferrand Iᵉʳ, dont nous avons fait connaître la descendance.

Constatons ici que Prégente Brochard, dame de Lesmé, mourut subitement à Châtellerault le 14 octobre 1544, et fut enterrée au milieu de l'église Saint-Jean-Baptiste; le 13 novembre suivant, Jean Ferrand, son gendre, médecin ordinaire de la reine, et Aimé Rasseteau, son fils, firent célébrer un service solennel dans l'église précitée (1).

Aimé Rasseteau, conseiller du roi et « seul élu en l'élection de Châtellerault », frère de Louise, épousa Jeanne Gaudet, issue de marchands de Tours.

Deux garçons et quatre filles vinrent de cette union.

L'aîné, Jean Rasseteau, marié à Claude d'Auvergne, dont le père, Gaspard, céda à son gendre la charge de lieutenant particulier à Châtellerault qu'il occupa trente-six ans.

Les enfants nés de ce mariage étant décédés, la branche aînée disparut.

Le cadet, Aimé Rasseteau, président à l'élection de Châtellerault, épousa en 1574 Catherine Rougier, de Poitiers.

_____

(1) V. pièce justificative n° 32, aux dates des 14 octobre 1544 et 13 novembre, même année.

Laurent Rivière docteur en droit et conseiller du roi, alors lieutenant-général de la première de ces villes, oncle de la fiancée, signa le contrat. Ledit Aimé avait succédé comme lieutenant-général de Châtellerault à Gautier Rasseteau, aussi conseiller au Parlement de Bretagne. « C'était, dit son biographe, une personne de grande considération dans la province, cousin germain de Pierre Rasseteau; il n'eut pas d'enfant. »

Jeanne Rasseteau, mariée à Jean de Sauzay, écuier, sieur de Beauerpaire (1).

Françoise, épouse de Guillaume Calvin, avocat du roi à Châtellerault.

Prégente, femme de Jean Sanxon, sieur de Forges.

Marie, épouse de Pierre Baudy, sieur de Bignoux.

Les Rasseteau portaient : *d'argent, au chevron de sable, accompagné de trois canettes de même, soutenues chacune d'un croissant de gueules*. Ailleurs on trouve : *de gueules au chevron d'or, accompagné de trois merlettes de même, une étoile d'or en chef et un croissant d'argent en pointe*.

M. René Papillault, l'un des descendants de cette famille notable, a publié sur elle des notes généalogiques fort intéressantes.

J'arrive à la famille Sain.

On doit la considérer comme étant originaire du Châtelleraudais. En effet, elle avait des propriétés à la Prée et à L'Éperon (2), entre le confluent de la Vienne et de la Creuse, à proximité de la Haye. Cette opinion repose sur un aveu rendu le 8 août 1432 au Vicomte de Châtellerault, Jean VI, de Harcourt, par « Jean de Chevigné, à cause de sa femme

(1) Commune de Thuré.
(2) Ces deux localités commune de Port-du-Piles.

Amorrye de Fay, veuve de Guillaume Sain, le jeune, comme ayant le bail de Louis, Guillaume, Jean et Marguerite Sain, ses enfants (1).

Pierre Sain, contrôleur des tailles à Châtelleraut, épousa Jeanne Proust, dont il eut trois enfants :

Claude, mariée à Pierre Brochard, receveur des aides et tailles à Châtellerault (18 février 1565).

Jeanne, mariée à René Brochard, lieutenant général au Présidial, mère de Jeanne, femme de Joachim Descartes.

Jean, contrôleur des aides et tailles à Châtellerault, avant 1593.

Nous avons sur ce dernier un document tiré des archives du département d'Indre-et-Loire, qui confirme ces détails (2).

D'après Lachesnaie-Desbois, Jean Sain aurait été maire de Châtellerault et y aurait commandé en qualité de capitaine. Il fixe sa mort au 9 septembre 1619. L'abbé Lalanne n'en parle pas.

Les armes des Sain étaient : *de gueules, semé de croissants d'argent, au lion de sable brochant sur le tout.*

---

(1) V. *Etudes sur le Châtelleraudais.* Mém. des Antiquaires de l'Ouest, 1893, p. 386.

(2) Vente à Jehan Sain, conseiller du roi, contrôleur des aides et tailles à Châtellerault.

9 avril 1593. — « Sachent tous que en droict en la court du scel establiy aux contracts à Chastellerault pour le roy et monseigneur le duc dud. lieu, personnellement establye et d'hument soumise honorable femme Perrine Poisay, veufve de feu François Sorin, fille de défunct Nicolas Poisay et de Perrine Sain, sa femme demeurant au lieu et ville de la Roche de Pouzay laquelle... a vendu... à noble Jehan Sain, conseiller du roy, contrôleur des aides et tailles aud. Châtellerault, et Claude Sain, sa sœur, veufve de défunct noble maistre Pierre Brochard, vivant sieur de la Borde et de Marigny, receveur des aides et tailles aud. Chastellerault, demeurant en cette ville, la métairie de la Grange, paroisse d'Izeures. »

Acte signé des notaires : Massonneau et maistre Marquis Laurens.

(*Archives Indre-et-Loire*, série E, 91).

Nous savons que le fils unique de Claude Ferrand et du médecin Pierre Descartes, Joachim, s'allia à la famille Brochard. Nous nous rappelons aussi que cette alliance eut lieu en 1589, alors que Joachim était conseiller au parlement de Bretagne depuis 1586. Des dispenses furent même nécessaires, la fiancée étant parente au degré prohibé de Claude Ferrand, mère de l'épouse et fille de Louise Rasseteau, cette dernière issue de Prégente Brochard.

Un certain Jean Brochard, époux de Jeanne Périer, est cité dans un aveu du 1ᵉʳ juin 1430 rendu par Jean de Jaunay au vicomte de Châtellerault pour le fief de Piolent (commune de Saint-Genest). On y constate que ce Jean Brochard est soumis à un hommage et à un devoir « à cause de son houstel et appartenance de la Brochardière, on quel le dit Brochart demeure à présent, assis en Puy de Piolent (1) ».

Une généalogie, que nous croyons exacte, nous donne sur la famille Brochard des détails intéressants (2).

Julien Brochard, qui vivait avant 1480 (3), épousa Radegonde Charlet, dame de la Clielle et de la Fouchardière. De cette union vinrent quatre enfants :

Aimé Brochard, conservateur des privilèges royaux de l'université de Poitiers avant 1514 (4), décédé vers 1539. Il avait épousé Anne de Sauzay.

Pierre Brochard, sʳ de la Clielle, procureur du roi sur le fait des aides en Poitou.

---

(1) V. *Etudes sur le Châtelleraudais*. Mém. Soc. des Antiq. de l'Ouest, 1893, p. 327.
(2) V. pièce justificative n° 33.
(3) Lalanne, t. II, pp. 364 et s.
(4) Il l'était encore en 1522.

François Brochard, mari de Jeanne Angelard (22 décembre 1523).

Prégente Brochard, veuve, en 1523, de Pierre Rasseteau, seigneur de Lesmé, laquelle mourut en 1544, ainsi que nous l'avons dit plus haut.

Revenons à Aimé Brochard et à sa descendance. Il eut de Anne de Sauzay deux enfants :

1° René Brochard, sieur de la Coussaye, marié à Jeanne Sain. Conseiller au Grand Conseil ; lieutenant général de robe longue au présidial de Poitiers, où il fut installé le 12 décembre 1575 ; échevin de la même ville en 1581 ; il décéda le 28 juillet 1585 ;

2° Jeanne, Mariée à Jean de Moulins, sieur d'Archangié, conseiller au présidial.

De René Brochard et de Jeanne Sain vinrent trois enfants :

1° Claude Brochard de la Coussaye, époux de Charlotte de Moulins ; conseiller au présidial en 1585, mort en 1586. Ce personnage figure sur les registres de la paroisse de Saint-Didier aux années 1576 et 1581.

Son fils, René, conseiller au parlement de Paris, était seigneur de La Coussaye, paroisse d'Abilly (Touraine) en 1579-1580.

2° René Brochard, sieur des Fontaines, conseiller au présidial à la place de son frère aîné Claude, ci-dessus nommé. Maire de Poitiers en 1589, après Joseph le Bascle ; échevin en 1590 après Antoine Bouchet ; membre du conseil particulier de la Ligue, mort à 92 ans doyen des échevins. Sa femme, Jeanne d'Elbène, l'avait précédé dans la tombe deux mois avant. Elle était sœur de Jean d'Elbène, lieutenant criminel à Poitiers et conseiller au parlement de

Bretagne. V. Ropartz, p. 49 ; propriétaire de la terre des Ormes de 1608 à 1624 (1). René fut inhumé dans l'église de Sainte-Opportune, où était la sépulture des Brochard. Il mourut sans postérité (2).

Les Brochard portaient: *d'or au chevron d'azur, à trois fraises de gueules feuillées et tigées de sinople, deux et un.*

Nous n'entrerons pas dans des détails plus circonstanciés sur les autres descendants de Julien Brochard et de Radégonde Charlet. Il faudrait des pages nombreuses pour en écrire l'intéressante histoire.

Arrivé à ce point de notre récit, et en vue de le compléter, il importe de faire connaître les liens de parenté qui

---

(1) La fortune rapide des d'Elbène, riches marchands florentins établis en France au commencement du seizième siècle, date de François Ier, auquel ils avaient rendu des services d'argent.

En 1516, Nicolas d'Elbène de Florence est confirmé dans sa charge de maître d'hôtel ordinaire du roi.

En 1523, Méry et François d'Elbène, marchands florentins. demeurant à Lyon, sont autorisés à trafiquer aux foires de Lyon et en tout autre lieu du royaume.

En 1533, Barthélemy d'Elbène, gendre du trésorier Buonacorsi, obtient des lettres de naturalité et permission de tester avec dispense des droits de chancellerie.

En 1539, Richard d'Elbène est bourgeois de Paris.

En 1543, Albisse d'Elbène et Thomas Certani, marchands florentins, demeurant à Lyon, obtiennent un sauf-conduit pour l'importation de l'alun dans le royaume pendant dix ans.

En 1544, le trésorier de l'Épargne rembourse à Richard d'Elbène une somme de 500 livres prêtée au roi.

(*Actes de François Ier.*)

Dans les *Archives de la ville de Poitiers* nous trouvons sur les d'Elbène les renseignements qui suivent :.

1545. Raoul d'Elbène, échevin.

1557. Nicolas d'Elbène, échevin, puis maire de Poitiers.

1566. Le même.

1578. Raoul d'Elbène, écuier, sieur de la Vau.

1581. Guillaume d'Elbène, seigneur de l'Epinoux, conseiller du grand conseil.

(2) On trouve dans les *Observations sur la Coutume de Poitou* de Jean Lelet, p. 354, au titre II, *Des Donations*, une intéressante dissertation à propos d'un arrêt du Parlement du 21 juillet 1634, entre Isaïe Brochard, écuier, sieur de la Clielle, et René Brochard, écuier, sieur de la Coussaye, intimé.

rattachaient entre elles les famille de Sauzay, d'Auvergne, Brochard et Descartes.

Guillaume de Sauzay, écuier, seigneur de Toutifaut et de Beaurepaire près Châtellerault (1), conseiller, notaire et secrétaire du roi à la place de Jean de Sauzay, son père, succéda comme garde de la librairie de Charles VIII à Robert Gaguin, général des Mathurins. Il continua à exercer cette importante charge sous Louis XII et François Ier. Il mourut le 6 juin 1518, et les enfants qu'il avait eus de Catherine Cavé se partagèrent sa succession le 18 février 1520 (2).

Ils étaient au nombre de cinq :

1° Jean, libraire du roi, curé de la Bellinière ;

2° Claude, mariée à Jean d'Auvergne, procureur du roi à Limoges, dont postérité ;

3° Antoine, seigneur de Beaurepaire, marié à Louise Horris ;

4° Guillaume, sieur du Chauffin, notaire et secrétaire du roi, marié à Jeanne Girault ;

5° Anne femme, de Aymé Brochard, conservateur des privilèges royaux de l'université de Poitiers.

Nous n'avons à nous occuper ici que du deuxième et du cinquième enfant de Guillaume de Sauzay.

De Claude et de Jean d'Auvergne sortit Gaspard d'Auvergne dont nous venons de parler assez longuement pour le faire bien connaître.

---

(1) L'un et l'autre commune de Thuré.

(2) Le Bulletin de la Société des Antiquaires de l'Ouest, 1er trimestre de 1878, contient une *Note sur trois gardes de la librairie du roi du nom de Sauzay*, par M. Alfred Richard, archiviste de la Vienne. Cette étude généalogique très complète est à lire si on veut en savoir davantage sur la famille de Sauzay, non moins distinguée que celles des Sain, des Ferrand et des Brochard.

De Anne et d'Aymé Brochard vint René Brochard, sieur de la Coussaye, père de Jeanne, épouse de Joachim Descartes et mère de René.

On voit d'ici, sans entrer dans de plus grands développements, que ces familles, alliées les unes aux autres, se mouvaient toutes dans le pays châtelleraudais, centre commun où elles se groupaient autour des ancêtres de René Descartes.

XVIII

CONCLUSIONS

Notre tâche serait terminée si nous n'avions à tirer des nombreux détails qui précèdent la certitude des origines poitevines de la famille du philosophe René Descartes.

En effet, les Ferrand, sortis de la Basse-Touraine, vers Champigny-sur-Veude, étaient depuis longtemps établis à Châtellerault lorsque Pierre Descartes y vint lui-même contracter l'alliance illustrée par les mérites de son fils Joachim et le génie de son petit-fils René. Où résidait ce médecin avant d'adopter pour sa patrie le Haut-Poitou? — L'acte des fiançailles de 1543 contient cette phrase significative « *d présent demeurant aud. Chastellerault* ». Tours était peut-être le lieu où il exerçait la médecine avant le mariage qui lui ouvrit dans le pays châtelleraudais, sous les auspices de son beau-père et de son beau-frère, l'un et l'autre médecins ordinaires du roi et en grande vogue, une carrière brillante, interrompue en 1566 par une mort prématurée.

Quoi qu'il en soit, nous pouvons affirmer sans hésitation que Pierre Descartes habitait Châtellerault avant 1543, qu'il s'y est marié, qu'il y a vécu vingt-trois ans, qu'il y a fini ses jours et qu'il y a été enterré.

Il nous est encore permis de dire que l'accord des fiançailles a été passé à Châtellerault en présence du père et de la mère de Claude Ferrand, mais qu'il n'apparaît dans cet acte aucun membre de la famille Descartes.

Nous savons aussi que Claude Ferrand, fidèle au souvenir de son mari, resta veuve, bien qu'elle n'eût que trente-cinq ans quand elle le perdit. D'après les textes qui nous restent, elle était l'âme de la maison pour les affaires intérieures et une mère dévouée pour son fils unique Joachim. L'expérience d'un long veuvage l'éloigna des différends survenus entre ses frères et sœurs à propos des héritages de ses auteurs et de ses collatéraux. Son frère aîné, Jean, le cadet, Michel, lieutenant-général de Châtellerault, Antoine, le lieutenant au Châtelet de Paris, Louis, le plus jeune, d'abord homme d'église, puis avocat à Poitiers, soutinrent leur sœur aînée dans le combat de la vie où elle conserva toujours l'attitude d'une femme énergique attachée sans défaillance aux devoirs sacrés de la mère. Il n'est donc pas étonnant qu'il soit venu d'une pareille souche des rameaux si vigoureux.

Baillet, quelquefois véridique, souvent inexact, a entouré le berceau du petit-fils de Claude Ferrand d'une auréole nobiliaire dont il n'avait certes pas besoin. Tout y est invraisemblable, et malgré les recherches auxquelles nous nous sommes livré, avec l'espoir de donner raison au plus volumineux des biographes de Descartes, nous n'avons découvert aucune trace des gestes militaires qu'il attribue sans

trop de conviction à l'aïeul paternel de René. Si l'on admet
la généalogie de Chalmel, le père du médecin châtelleraudais, Gilles, serait mort en 1522 ; d'un autre côté nous avons
démontré que son fils Pierre avait cessé de vivre en 1566.
Comment auraient-ils pu l'un ou l'autre assister au
siège de Poitiers en 1569 ? Poser la question c'est la ré-
soudre.

Mais Joachim, étudiant de l'Université, a pu assister au
siège de cette ville ; il avait alors seize à dix-sept ans. Nous
hasardons cette hypothèse pour ce qu'elle peut valoir. Ropartz (p. 81) lui donne une certaine valeur. Lors du procès
du traître Chalais, qui se déroula en 1586 devant le parlement de Bretagne, Joachim Descartes, alors doyen des conseillers de cette haute cour fut chargé du rapport, sorte de
réquisitoire fulminant, dans lequel il n'eut pas grand'peine
à établir la criminalité de l'accusé imposée par le cardinal
de Richelieu. Il y fait allusion aux maux causés par les
guerres civiles. M. de Piré, commentateur autorisé, s'empa-
rant de cette appréciation d'un caractère général, lui donne
une valeur toute particulière en la mettant à son point historique qu'il localise au Poitou.

« Il ne faut pas s'étonner, écrit-il, si le rapporteur (Joachim Descartes) fait sonner si haut les malheurs dont la
France allait être accablée, si la mine n'avait pas été éven-
tée et la faction arrêtée dès sa source et même prévenue.
*Il avait vu les guerres de religion pendant son enfance.
Elles étaient plus vives en Poitou qu'ailleurs. Il était de
cette province. Celles de la Ligue avaient désolé le royaume
pendant sa jeunesse.* » Joachim était donc contemporain
des événements qui à Poitiers signalèrent les excès de la
troisième guerre civile dans laquelle les protestants furent

obligés de se retirer devant les troupes victorieuses du duc
d'Anjou.

De cette explication aussi simple que lumineuse ressort,
je crois, la vérité sur les faits de guerre attribués par Baillet
à l'aïeul de René. La trouver ailleurs serait difficile. En
1569 Joachim Descartes, âgé de dix-sept ans, avait encore
une partie de sa famille à Poitiers. Ses grands parents, le
vieux médecin Jean Ferrand et Louise Rasseteau, Michel
Ferrand, son oncle, René Brochard et plusieurs autres des
siens habitaient cette ville ; sa mère Claude, veuve de Pierre
Descartes depuis 1566, existait encore. Joachim fit certainement ses études de droit sous leurs yeux et ses deux enfants
Pierre et René suivirent cet exemple. Si le fils du médecin
châtelleraudais ne s'est pas jeté dans la ville pour la défendre contre les protestants de Coligny, il a pu, s'y trouvant
enfermé, combattre au milieu des étudiants ses camarades
et recevoir ainsi qu'eux des mains du duc de Guise le prix
de leur jeune courage : le droit et l'honneur de porter l'épée.
Joachim Descartes et les siens étaient bons catholiques et
royalistes fidèles. Par ces motifs, on serait tenté de croire
que Baillet a substitué, sans trop y réfléchir, le père au fils.

La multiplicité des détails généalogiques dans lesquels
nous sommes entré nous engage à résumer en quelques lignes l'opinion que nous défendons, à savoir : que René Descartes, *par ses ancêtres*, les Ferrand, les Rasseteau, les
Brochard, les Sain, tous originaires du nord de notre province, c'est-à-dire du Châtelleraudais, nous a appartenu
avant de jeter sur la Touraine et la Bretagne l'éclat éblouis-
sant de son nom.

En effet, le grand-père du philosophe, Pierre Descartes,
est venu résider à Châtellerault en 1543, peut-être avant.

Il s'y est marié avec la fille d'un médecin renommé demeurant aussi dans cette ville. Le père de René, Joachim, y est
né et si les enfants de Jeanne Brochard ont vu le jour à la
Haye c'est que sa mère, Jeanne Sain, habitait la petite ville
Tourangelle où elle avait quelques intérêts.

La Bretagne n'a connu les Descartes qu'à partir de 1586,
époque à la quelle Joachim entra au parlement de Rennes.
Quatorze ans plus tard un second mariage le fixa définiti-
vement dans cette province, où il forma en quelque sorte
une nouvelle souche.

Les Poitevins remontent plus haut, près d'un demi-siècle
en arrière.

Nous ne saurions trop le dire, les Descartes ont été poussés
dans les offices lucratifs et les honneurs par leurs alliances
avec les Ferrand et les Brochard. Les premiers avaient rendu
de père en fils des services dévoués aux Montpensier, seigneurs de Champigny-sur-Veude, qui surent les reconnaître;
les seconds s'étaient distingués dans la haute magistrature
aussi bien à Poitiers qu'à Paris. Mais les Descartes ne sont
pas vis-à-vis de l'homme célèbre qui illustra leur nom dans
la même situation. L'isolement du médecin Pierre venant
tenter la fortune à Châtellerault démontre assez qu'il n'avait
autour de lui aucun appui et que, dans son isolement, il re-
chercha une alliance pouvant assurer son avenir. En définitive, jusqu'à ce jour, les généalogistes tourangeaux, malgré
leurs efforts et leur ingéniosité, ne nous ont rien produit de
bien concluant sur la famille du nom de Descartes qui reste
dans l'obscurité. Ils n'ont pu la relier à la vie intime de leur
province en dehors du fait isolé de la naissance, à la Haye,
des enfants du premier mariage de Joachim. Il nous semble
avoir fait davantage pour le Poitou. Et si l'idéal de Baillet s'est

effacé devant la réalité, cette réalité n'est certes pas une déception.

Un gentilhomme de vieille roche et sans préjugés, le marquis d'Argenson, père du châtelain actuel des Ormes, a écrit ces lignes en parlant de la famille Descartes :

« On voit que nous sommes ici en pleine bourgeoisie, fort digne et fort honorable d'ailleurs, en un mot de cette bourgeoisie du grand siècle qui ne tenait pas moins que la noblesse à son rang et à ses prérogatives, dépositaire fidèle des lois et des mœurs de l'ancienne France et qui marchait le front haut.» — Voilà qui est aussi bien dit que pensé !

Sans doute, avec un faisceau d'ancêtres sorti de l'élite de la société poitevine et châtelleraudaise, Descartes n'avait pas besoin qu'on lui composât une généalogie. Il résume en lui-même tous les mérites, toutes les gloires de sa famille qu'il absorbe et qu'il éclipse.

Nous en avons terminé avec ce sujet intéressant ; puissent nos convictions passer dans l'esprit de nos lecteurs. Elles s'appuient sur des pièces authentiques dont la véracité ne saurait être contestée et les faits qui en découlent nous ont permis d'en tirer des conséquences logiques à l'appui des justes revendications de notre province. — Tel est le but que nous avons essayé d'atteindre.

Le Haut-Poitou, la Touraine, la Bretagne ont à divers titres, qu'on ne saurait confondre, une part dans l'héritage glorieux légué au monde intellectuel par René Descartes :

Au pays châtelleraudais, les origines de sa famille, la vie privée des ancêtres, les domaines des seigneurs du Perron et de la Bretallière.

A la Haye, la naissance fortuite de René et ses premiers vagissements sur les bords riants de la Creuse.

A la Bretagne et à son aristocratique parlement, Joachim et les brillantes alliances de ses nombreux descendants.

A la France entière :

RENÉ DESCARTES, philosophe et savant.

———————————

PIÈCES JUSTIFICATIVES

PIÈCE JUSTIFICATIVE N° 1.

Anoblissement de Jacques Ferrand.

Octobre 1554.

« Henry, par la Grâce de Dieu Roy de France, à tous présens et advenir, salut. Scavoir faisons nous avoir été deuement informé et advisé que feu Alexandre Ferrand, en son vivant demeurant à Champigny sur Veude, pays de Poictou, estant en l'aage que l'homme doibt prendre quelque train et manière de vivre, choisir et suivre les princes et s'adonna au service de feu nostre très cher et très amé cousin Louis de Bourbon, prince de la Roche sur Yon, pour le maniement de ses affaires, en quoy il se porta si vertueusement qu'il est mort au service de la dite maison ayant eu quelques enfans en loyal mariage et entre autres Jacques Ferrand, lequel depuis sa première jeunesse est au service de nostre très cher et très amé cousin et cousine, les duc et duchesse de Montpensier, ès affaires des quels il s'est tousjours vertueusement employé ayant aussy suivy et servy nostre dit cousin le duc de Montpensier en tous les voyages de guerres qu'il a faictz depuis nostre advenement à la couronne, où il a esté en bon équipage, mesmement ces derniers jours en la bataille que nous avons donnée et par la grâce de Dieu gagnée contre nos ennemis près le chasteau de Renty (1), où il parut soubz l'enseigne de nostre dict cousin, pour les quels louables et vertueux actes il nous a semblé digne d'estre appellé à l'estat de noblesse et honoré du tiltre d'icelle et devoir décorer son nom et mémoire de titres et qualités correspondans à ses vertus et mérites............

Donné à Escouen, au mois d'octobre, l'an de grâce mil cinq cens cinquante quatre et de nostre règne le huictième. Signé : Henry. Enregistré à la chambre des comptes le premier jour de décembre mil cinq cens cinquante cinq, moyennant quinze escus d'or sol payés par l'impétrant et convertis en franche aulmone.... »

_____

(1) 13 août 1554.

PIÈCE JUSTIFICATIVE N° 2.

Don mutuel de Jean Ferrand, docteur en médecine, et de Louise Rasseteau, sa femme.

A Poitiers, le 12 août 1567.

« Sachent tous que en droict, en la cour du scel estably aux contraictz à Poictiers pour le Roy, nostre sire et la Royne d'Escosse, douairière de France, ont esté présens et personnellement establys en droict à ladicte court M° Jehan Ferrand, docteur en médecine, et dame Loyse Rasseteau, sa femme, les queulx, en considération des bons et agréables plaisirs et curialitez qui se sont cidavant faictz l'ung à l'autre et qu'ilz espèrent continuer en l'advenyr, et parceque ainsi leur a pleu et plaist, se sont respectivement donnez et donnent au survivant d'eux deux, par donation mutue et irévocable, tous et chaicuns leurs biens présens et futurs, soyent meubles, acquetz que tiers du patrimoyne antien en quelque lieu quilz puissent estre situez et assis pour par le survivant jouyr desdictz meubles à perpétuyté et desdictz immeubles à vye seullement, et ou aulcuns de leurs héritiers vouldroyent impugner et débatre le présent don, en ce cas veullent que led. don d'immeubles soyt à perpétuité pour par le survivant le conserver aux aultres cohéritiers qui n'y auront contrevenu, et on jour du décès du premier décédant leurs ensfans ne seroyent parvenuz à l'eage de majorité, en ce cas, le survivant sera tenu de les entretenyr à sa discrétion et heu esgard à ce qui leur sera nécessaire en par eulx toutes foys, faisant office et debvoyr d'enfans naturels légitimes et obéissant, et ou ilz contreviendroyent ne sera led. survivant tenu de leur bailler autre chose de sesd. meubles ou immeubles et fruictz d'iceulx cydessus donnez, est aussi entre eulx acordé que le survivant ne sera tenu faire aulcun inventayre desd. choses données, et par exprès l'ont desfendu et desfendent. Tout ce que dessus stippulé et accepté par lesd. parties et ad ce faire, tenyr, garder et accomplyr de poinct en poinct ont donné les foy et serment de leur corps, obligé et ypothequé tous et chaicuns leurs biens, meubles et immeubles présens et advenyr, dont à leurs requestes, vouloyr et consentement les en avons jugés et condempnez par le jugement et condamnation de lad. court à la jurisdiction de la quelle elle se sont supposées et soubmises et leursd. biens quant ad ce. Faict et passé aud. Poictiers, le douziesme jour d'aougst, l'an mil cinq cent soixante sept. Ainsi signé en la minutte : J. Ferrand et Loyse Rasseteau.

VERGNAUD   MALZAT. J'ay la mynute. »

Au verso on lit :

« Aujourdhuy, vingt quatriesme jour de mars mil vʟxıx, au mandement et requeste de Messire Jehan Ferrand, docteur en médecyne, me suys transporté en son hostel où il ma présenté la donation faite entre luy et dame Loyse Rasseteau, son expouse, merequérant à telle fin que de raison icelle insinuer et enregistrer de mot à mot on pappier et registre des insinuations du greffe ordinaire de la sénéchaussée de Poitiers, à Poictiers, ce que j'ay faict. Dont led. Ferrand a requis acte pour luy servir et valloir en temps et lieu, et comme de raison, que luy ay octroyé. — Faict à Poictiers,les jour et an susdits. »

S. CHARRETIER.

PIÈCE JUSTIFICATIVE N° 3.

Testament de Jean Ferrand et de Louise Rasseteau, sa femme.
A Poitiers, le 15 mars 1569.

«. Au nom de Dieu, du Père, du Filz et du Sainct Esprit, *Amen.* Nous, Jehan Ferrand, docteur en médecine, et dame Loyse Rasseteau, ma femme, ne voullans décedder sans tester, nous recommandons à nostre Sauveur et Rédempteur et à l'indıvidue Trinité, le suppliant avoir pitié et compassion quant il luy plaira nous appeller hors ce monde, remettant noz sépultures au survivant de noz deux et de nos héritiers ; et pour le regard de noz biens nous avons confirmé et confirmons la donation faicte entre noz deux du douziesme aoust mil cinq cens soixante sept, signée Malzat et Vergnaud, notaires à Poictiers, fors pour le regard des choses qui s'ensuyvent. *Item,* d'aultant que noz filles Catherine et Jehanne Ferrand ont heu de nous en faveur de mariage, chacune d'elles, deux mille cinq cens livres tournoys et oultre leurs trousseaux, et que Claude Ferrand, nostre fille, vefve de feu Mᵉ Pierre Des Cartes, en son vivant docteur en médecine, n'a heu que six cens livres en mariage, nous lui donnons cent cinquante livres de rente généralle à nous deuhe par

le seigneur de Rouhet (?), chevallier des ordres du Roy, nostre syre,
sur sa maison où pend par enseigne Le Cheval Blanc, en ceste ville
de Poictiers, plus quinze livres tournoys de rente générale à nous
deuhe par Jehanne Rasseteau, vefve du feu sommelier Terrasse (1),
sur sa maison située à Châtellerault, réservé touteffois les arréraiges
eschus jusques à huy et ou lesd. rentes seront extaintes, lad. Ferrand sera tenue les convertir en acquetz censés son patrymoine et
jouyra dès à présent desd. rentes et à desfault de les avoir (*ici une
tache d'encre dissimule le texte ; cependant on y lit une disposition
par laquelle Jean Ferrand donne les livres de médecine de sa bibliothèque, tant à Châtellerault qu'à Poitiers, à Jean Ferrand, son
fils aîné. Mais dans le cas où Louis, le plus jeune des garçons, étu-
dierait aussi la médecine, ils devront partager.*) Item, donnons par
donnation faicte entre vifs et irrévocable à maistre Michel Ferrand,
advocat, cent livres tournois de rente générale à nous deuhe par le
sieur de Guilloche et damoyselle Anne de Couzay, sa femme, plus
la rente à nous deuhe par M° Barthélemy Vynet, procureur à Poictiers, plus 2.500 l. t. une fois payées, lequel don n'entendons
sortir effect si ses cohéritiers luy délaissent pour ladicte somme la
maison de la Rainterie (2) et ses appartenances, ainsi qu'elle se
poursuit et comporte. Item, donnons à maistre Anthoine Ferrand
150 l. t. de rente générale à nous deuhe par le sieur baron de Morthemer et le sieur Beausse, plus 2.500 l. t. une fois payées, à moins
que ses cohéritiers ne lui laissent la métairie de la Coindrie (3).
Item, donnons à nostre fils Loys Ferrand, Martine et Loyse Ferrand,
noz filles, et à chacun d'eux la somme de 3.000 l. tant pour le trousseau que mariage desd. filles, les queulxd. deniers seront payés
pour le regard desd. Loys, Martine et Loyse Ferrand lors de la bénédiction nuptialle, et pour le regard dud. Loys Ferrand voulons
et entendons que la et on cas quil fut d'église, ne pourra vendre,
alliéner ne transporter lesd. choses par nous à luy données qu'elles
ne reviennent préalablement après son décès à ses aultres frères et
sœurs et pour le regard des filles qui sont à marier en cas que nous
déceddassions et après nostre décès voullons et entendons quelles
et nos aultres enfans en jouissent après nostre décès comme aussi

(1) V. *Actes de François Ier*, 16 septembre 1532, n° 4884; 17 juin 153
n° 5942.
(2) Commune de Thuré.
(3) Commune de Saint-Gervais, entre Thuré et Saint-Gervais.

lesd. Jehan, Michel et Anthoine Ferrand jouyront desd. choses données lors de leur bénédiction nuptiale, si plustot ne leur venoient nos successions, on quel cas neantmoins lesd. dons sortiront leur effect et seront tenus lesd. Jehan, Michel et Anthoine, Loys, Martine et Loyse Ferrand convertir leurs derniers en acquetz censés leur patrimoine toutes les choses données, comme ensemble donnons aud. M°·Michel quatre livres de lad. bibliothèque contenant *Les quatre centuries de l'histoire ecclésiastique*, l'usufruit desd. *Centuries* à nous réservées..... En cas que moy dict Ferrand décedde en ceste ville de Poictiers, je lègue pour mon service de mon *obit*, à mon curé et prestres de Sainct Estienne, cent solz une fois payés et aux Cordeliers cent solz une fois payés pour leur service. Et ou je ne décéderoys en ceste ville de Poictiers, ains à Chastellerault, n'entends lesd. légats sortir effect, .ains lègue ès couvents des Bons hommes et des Cordeliers dud. Chastellerault et à chascuns d'eulx lesd. cent solz tournois, voullons que ou aulcun ne pourroit joyr desd. choses données, voullons qu'il en soit récompensé sur le parsus de nos biens. . . . .

Faict et passé aud. Poictiers, en la maison desd. testateurs, sise et située en ceste ville de Poictiers, le quinziesme jour de mars, l'an mil cinq cens soixante neuf. Signé en la minute des présentes : J. Ferrand, Louise Rasseteau, J. Ferrand, A. Ferrand, Claude Ferrand, Martine Ferrand et Loyse Ferrand. »

Au dos du parchemin on lit l'insinuation de l'acte et cette note de la main de Michel Ferrand : *Testament de mes deffuncts père et mère.*

PIÈCE JUSTIFICATIVE N° 4

Anoblissement de Jean Ferrand par Charles IX.

Saint-Germain-en-Laye, janvier 1574.

« ...... Attendu que nostre ami et féal conseiller et l'un de nos médecins ordinaires, Jean Ferrand, nous a faicts infinis, bons et agréables services à la suite de nostre très cher et amé frère, le roi de Pologne en toutes les armées qu'il a conduites pour nostre service, par le certain témoignage que nostre dit frère nous en a rendu et ce tant à sa sollicitude que d'aucuns princes, seigneurs et gentilshommes estant malades auprès de luy... ». (Le reste est de style) Sur le parchemin son peintes les armes des Ferrand : « *d'Azur à trois épées d'argent rangées en pal, celle du milieu ayant la pointe en haut, à la fasce d'or brochant sur le tout.* »

Les lettres d'anoblissement dont l'extrait précède furent confirmées par Henri III à Reims, le 18 février 1575, cinq jours après son couronnement.

PIÈCE JUSTIFICATIVE Nº 5

Commission de médecin ordinaire du roi accordée par Catherine de Médicis à Jean Ferrand.

A Fontainebleau, le 20 février 1563.

« Nostre premier médecin, Me ordinaires de nostre hostel, contrerolleur général de nostre Maison et vous trésorier et receveur général de noz finances et Maison, salut et dilection.

Sçavoir vous faisons que pour la bonne, parfaite et entière confiance que nous avons de la personne de nostre cher et bien amé Mr Jehan Ferrand, médecin de nostre très cher et amé cousin le duc de Montpensier, et de ses sens, suffisance, loyauté, prudhommie, expérience et bonne dilligence, icelluy pour ces causes et aultres à ce nous mouvans, avons ce jourdhuy retenu et retenons par ces présentes en l'estat de nostre conseiller et medecin ordinaire, pour en icelluy nous y servir doresnavant aux honneurs, auctoritez, prérogatives, prééminences, previlleges, franchises, libertez, livraisons hostellaiges, droictz, proffictz et esmolumens acoustumez et aud. estat appartenant, et aux gaiges qui luy seront doresnavant ordonnés ès estatz de nostre maison, tant qu'il nous plaira. Et voulons et vous mandons et à chascun de vous si comme à luy appartiendra que dud. Ferrand prins et receu le serment en tel cas requis et acoustumé ceste présente nostre retenue, enregistriez ou faictes enregistrer ès registres et escriptz de nostre chambre aux deniers par vous contrerolleur général d'icelle avec celles de noz aultres affaires, et d'icelle ensemble des honneurs, auctoritez, prérogatives, prééminances, previllèges, franchises, libertez, livraisons, hostellasges, droictz, proffitz et esmolumens dessusd., le faictes, souffrez et laisser joir et user plainement et paisiblement et à luy obéyr et entendre de tous ceulz

et ainsi qu'il appartiendra choses touchans concernans led. office,
en luy comptant et payant par vous trésorier et receveur général de
nosd. finances et maison, les gaiges et droictz aud. estat appartenans
doresnavant par chacun an, aux termes et en la manière acoustumée.
Et par rapportant ces présentes ou vidimus d'icelles faict soubz scel
royal pour une fois seulement et quictance d'icelluy Ferrand sur ce
suffisans, nous voulons lesd. gaiges et droictz estre passez et allouez
ès comptes et rabatuz de vostre recepte par nos amez et féaulz les
gens de nos comptes, ausquelz nous mandons ainsi le faire sans
difficulté car tel est nostre plaisir. Donné à Fontainebleau soubz
nostre seing et scel de nos armes le XXᵉ jour de fevrier, l'an mil cinq
cens soixante troys. »

Signé : Caterine — Par la Royne mère du Roy : Fizes. Le sceau
aux armes accolées de France et Médicis.

PIÈCE JUSTIFICATIVE N° 6.

Contrat de mariage d'Antoine Ferrand et de Madeleine Vallée.

A Paris, le 24 mai 1571.

« Présents: honorable homme, maistre Pasquier Vallée, examinateur et commissaire au châtelet de Paris, et honorable femme
Louise Grégoire, sa femme.... stipullans pour Magdelaine Vallée,
leur fille.....

Et noble homme et saige maistre Anthoine Ferrand, conseiller du
roi au châtelet, stipulant pour lui....... Les Vallée, famille de procureurs au Châtelet.... Anthoine se marie par le conseil de noble
personne maistre Loys Ferrand, chanoine de l'église collégiale de
Notre-Dame de Châtellerault, son frère.... les époux logés chez leurs
parents dans un hôtel situé rue de la Harpe.... Le futur donne une
maison et métairie sises en la paroisse d'Avrigny la Touche les
Châtellerault à lui appartenant de son propre appelée la maison et
mestairie de la Coindrie (1). »

Par leur testament du 15 mars 1569 (p. just. n° 3) Jean Ferrand et Louise Rasseteau avaient laissé à leur fils Antoine la métairie de la Coindrie.

(1) *La Coindrie*, commune de Saint-Gervais; — 1744 (bar. de la Touche).

PIÈCE JUSTIFICATIVE N° 7.

Fiançailles de Pierre Descartes avec Claude Ferrand.

A Châtellerault, le 3 octobre 1543.

« Saichent tous, présens et advenir que en droict en la court du scel estably aux contractz à Chastelleraud pour le Roy nostre Sire, personnellement establiz et soubmiz en droict en la dicte court honnorable homme et saige maistre Jehan Ferrand, docteur en médecyne, conseiller et médecin ordinaire de la Royne, et honnorable femme, Loyse Rasteau, femme dudict Ferrand, susfisaument de luy auctorisée quant à ce, Et Claude Ferrand, leur fille, atouchant le eage de unze à douze ans, d'eulx susfisaument auctorisée quant aux accords qui s'ensuyvent, d'une part, Et honnorable homme et saige maistre Pierre Descartes, aussi docteur en médecine, à présant demourant audict Chastelleraud, d'aultre ; les quelles partyes au traicté de mariage qui est proparlé entre lesdicts Descartes et Claude Ferrand ont faict les accords et pactes qui s'ensuyvent, Sçavoir est : Le dict Descartes a promis et promet prendre à femme et espouse en face de saincte Eglise ladicte Claude Ferrand toutesfoys et quantes que requis en sera par elle et ses dicts père et mère, elle parvenue à l'eage de puberté (1) et aussi ladicte Claude Ferrand o l'auctorité de ses dictz père et mère, a promis et promet semblablement prandre à seigneur, mary et espoux ledict Descartes quant elle sera venue à la dicte eage de puberté, les solempnitez de nostre mère saincte Eglise premièrement observées et gardées et que par ledict Descartes en sera requise et les dicts Ferrand et sa dicte femme, A quoy faire se sont obligez lesdicts Ferrand et sa dicte femme en ce l'auctoriser et que dès la bénédiction nuptiale seront commungs en biens lesdicts conjoinctz, sellon la coustume du pays de Poictou (2), Et si ladicte Claude Ferrand survit son dict espoux, en icelluy cas, le dict Descartes luy assigne pour douaire trente livres tournois de rente et revenu (3) sur tous et chascuns les biens immeubles, héri-

(1) Age auquel on est susceptible de contracter mariage : quatorze ans acplis pour les hommes, douze ans accomplis pour les femmes, dans l'ancien droit bien entendu.

(2) Art. ccxxix.

(3) En 1543, la livre tournois valait 4.24 ; c'était donc la modeste somme de 127 fr. 20 c.

taiges et biens quelzconques présans et futurs, en quelque païs, ressort et jurisdiction quilz soient situez et assis, à les avoir et prandre de proche en proche, ou que ledict douaire soit prins par elle comme douaire coustumier (1) à son choix et option, le cas advenant, En faveur et traicté duquel mariage les dicts Ferrand et Rasteau, sa dicte femme establiz comme dessus ont constitué en dot à ladicte Claude Ferrand, leur dicte fille, la somme de six cens livres tournois (2), oultre ung trousseau de meubles ou cent livres pour le dict trousseau, au choix dudict Descartes, le tout à payer et bailler dedans le jour de la solempnisation des nopces, Et aussi vestir leur dicte fille de vestemens nupciaulx bons et convenables et sellon qu'il appartiens à son estat, de la quelle somme de six cens livres tournois en y aura deux cens livres reputez pour meubles et revenans à la communité et les quatre cens seront employez en acquetz dedans deux ans après leur bénédiction nupciale qui seront censez et reputez l'héritaige propre de ladicte fille, Et si elle déceddait ou ledict Descartes avant ledict employ desdictes quatre cens livres, icelluy Descartes ou ses héritiers seront tenuz en vingt livres tournois de rente perpétuelle par chescun an sur tous ses biens meubles et immeubles présans et futurs rachaptables en payant à ung seul payement dedans trois ans après le décès de celluy d'eux qui premier déceddera, Et si ladicte fille déceddoit la première sans hoirs dudict mariage, icelle somme de quatre cens livres tournois ou lesdictes vingt livres tournois de rente retourneront et viendront aux dictz Ferrand et sa dicte femme et aux leurs entièrement, Et aura ladicte fille le choix et ellection de venir aux successions desdictz Ferrand et sa dicte femme, ses père et mère, en rapportant les choses promises en faveur dudict mariage, c'est assavoir les dictes six cens livres tournois, icelles receues et payées ou de soy tenir à icelles dictes choses; Oultre, lesds partyes ou chascune d'elles ont promis et promectent respectivement par les présantes, tenir, accorder, observer et accomplir de poinct en poinct, d'article en article, les convenances et accords dessus dictz. Tout ce que dessus lesdictes partyes ce stippulans et acceptans, ausqueulx accords tenir et garder sellon que dessus par chascune desdictes partyes sans jamais aller ou venir au contraire et à tous interestz amander, elles ont obligé et ypothéqué tous leurs biens quelzconques par foy et ser-

(1) Art. cclvi des *Coutumes du Poitou*.
(2) 2.544 fr.

ment de leur corps sur ce baillé, renoncians sur ce à toutes choses
à ce contraires, dont ilz ont esté à leur requeste et de leur consan-
tement jugez et comdempnez par le jugement et condempnation de
la dicte court à la jurisdiction de la quelle ils se sont supposez et
soubmis, Et le scel d'icelle à ces présantes mis et apposé en tesmoing de vérité. Faict et passé audict Chastelleraud, le tiers jour
d'octobre, l'an mil cinq cens quarante troys.

Signé: Delavau, avec maistre Michel Bodin. »

Au dos on lit: « La mynutte de ces présantes est par devers moy
Symon Delavau et passée avec Mᵉ Michel Bodin.

De l'écriture de Jean Ferrand. « Contractz de mariage de maistre
Pierre Desquartes, escuyer, avec ma fille Claude Ferrand. »

PIÈCE JUSTIFICATIVE Nº 8.

**Acquisition par Pierre Descartes et Claude Ferrand, sa femme,
de pièces de terre contiguës au fief des Cartes, paroisse de
Paisay-le-Joli.**

Aux Ormes-Saint-Martin, le 22 février 1553.

« Saichent tous que en droit ès cours des scelz establiz aux contraitz
à Chastellerault pour le Roy nostre Syre et Monseigneur le Duc dudict lieu et on icelle de la Chastellenye de Bussières la Gaillarde et
en chacune d'icelles furent personnellement soubmiz et establis,
Guillaume Davy, laboureur, demourant on village de
Colombiers, parroisse de Paizay le Jolly, le quel, tant en son nom
privé que comme loyal administrateur de Lyonarde et François les
Davys, ses ensfans myneurs d'ans, pour les quelz il s'est faict fort,
Elyot Davy et Mathurin Davy, frères germains et ensfans dudit Guillaume Davy et de desfuncte Georgette Boucher en premières nopces,
demeurant avecques led. Guillaume Davy, leur père, les quelz tant
pour eulx que pour Guillemyne et Françoyse Dupond, sœurs ger-
maines absentes, ausquelles lesd. Davys, leurs maryz ont promis
leur faire ratiffier le contenu de ces présentes dedans quinze
jours prochains venant et ce à la peine de tous intérestz, les quelz
ont congneu et confessé tant pour eulx que pour leurs hoirs et
ayans cause avoir vendu et promis garentir à jamais à Maistre
Pierre Des Cartes, docteur en médecine, demourant en la ville de
Chastellerault, parroisse de Monsieur Saint Jehan, absent, nouz, no-

taires soubzignez, stipullans pour led. Des Cartes, ses hoirs et ayans cause. C'est assavoir, les trois quartes parties de six boessellées et demye de terre en deux pièces sises à Ribont, joignant la première d'un long à la terre dud. acquéreur; de l'autre long et d'un bout aux terres de Mathurin Lomyer et de l'autre bout à la terre des hoirs feu Loys Dupont, joignant l'autre pièce de terre d'un long la terre de Francoys Dupond, de l'autre long à la terre des hoirs feu Mathurin de Vauzes, d'un bout à la terre dud. acquéreur, de l'autre bout au pré des Dupuyz dictz Gascons, le fossé entre deulx, mouvantes du fief de Monsieur le prieur de Pilles et de la fresche Lomyer, en la quelle est deu par chacun an, jour et feste de Sainct Brice à la recepte aud. lieu de Pilles le nombre de vingt quatre boesseaulx froment, trente deux bo. seille, douze boesseaulx avoine, mesure de Saint Remy et deux chappons de rente et vingt deniers t. de cens. Moyennant, ladicte vendicion a esté et est faicte pour le pris et somme de dix huict livres huict solz t. payées content en noz présences et dont lesd. vendeur, ce sont tenuz et tiennent pour contens et bien payés et en ont quicté et quictent ledict acquéreur, ses hoirs et ayans cause à perpétuité, et ont promis, promectent, doibvent et sont tenuz lesd. vendeurs tant pour eulx que pour leurs hoirs et ayans cause lesd. quartes parties desd. six boisselées et demye de terre susd. ainsi par eulx vendeurs aud. Des Cartes, acquéreur susdit, et aus siens garantir, évincer et deffendre de tous pour tous et contre toutes personnes de tous troubles et empeschements quelzconques à l'advenir, à la charge d'en payer par led. acquéreur et les siens par chacun an aud. jour Saint Brice deux boessaulz blez et deux deniers t. tant pour les cens que pour les chappons en lad. fresche Lomyer, et ce pour tous charges et debvoirs quelzconques. Et quant à tout ce que dessus (*passage rongé*). Au garisment desd. choses vendues......) (*La suite est de style*) ... faict et passé au bourg des Hommes Sainct Martin ès présences de Jehan Degennes, mestayer dud. acquéreur, Martin Barrault et Estienne Nepveu et Pierre Ducarroy, tous demeurant en lad. parroisse dud. Paizay le Jolly, tesmoings à ce requis et appellez, le vingt deuziesme jour de febvrier, l'an mil cinq cens cinquante et troys. »

P. Ducarroy, avec Cherpentier, notaire dud. Bussières signé en la mynute : Cherpentier.

Au dos de cet acte on lit diverses mentions rappelant le nom de l'acquéreur :

« Maistre Pierre Des Cartes. — honorable homme maistre Pierre
Des Quartes, docteur en médecine. — Couvent les Cartes, acquêt
fait par le seigneur Des Cartes de terre à Ribon, du nommé Gilles
David, du 12 febvrier 1553 (erreur, du 22).

PIÈCE JUSTIFICATIVE N° 9.

**Contrait de vendicion faicte au sieur Des Quartes par Loïs
Lhommier et Catherine Lhommier, sa sœur, vefve de feu
Adrian Marchant.**

A Châtellerault, le 10 juin 1564.

« Saichent tous que en droict en la Court du scel establie aux
contractz à Chastelleraud pour le Roy et madame la duchesse dud.
lieu, personnellement establiz et deuement soubzmis en droict en
ladicte court Loïs Lhomier, laboureur, et Catherine Lhomier, sa
sœur, vefve de feu Adrian Marquet (1), demourans en la parroisse
de Poizay le Jolly, on bourg des Ormes de Sainct Martin, les quelz
et chescun d'eulx seul pour le tout renonçans au bénéfice de division ordinaire de droit et de discution, de leurs bonnes et libéralles
volontez, sans contraincte, ont vendu, cedé, quicté, délaissé et transporté, et par ces présentes, vendent, cèdent, quictent, délaissent,
transportent et promectent garantir apperpétuité pour eulx et les
leurs, à noble homme Maistre Pierre Descartes, docteur et médecin
absent, stippullant et acceptant pour luy honnorable femme Claude
Ferrand, sa femme, demourant audict Chastellerault, et ce pour le
prix et somme de vingt deux livres dix solz tourn. payés et baillés
content manuellement et leaulment et de faict en noz présences par
lad. Ferrand ausd. vendeurs qui ont icelle somme levé, prinse et
receue s'en sont tenuz et tiennent pour contens et en ont quicté et
quictent ledict achapteur et sa dicte femme par ces présentes. C'est
assavoir une pièce de terre sise au lieu appelé Ribon, en ladicte parroisse de Poizay, contenant cinq boicellées ou environ, tenant d'une
part à la terre dud. sieur Descartes, d'autre à la terre de Pierre
Boué, d'autres aux terres des hoirs feu Loïs Dupond et d'autre à la
terre de L'Esperon, tenue et mouvant lad. terre du fief et seigneurie

(1) Marquet ou Marchant ?

de la Cellerye (1) appartenant à l'abbé de l'Estoille à certains debvoirs que les parties sur ce enquises par serment n'ont peu dé-
clarer. Toutesfoys à la charge que led. sieur achapteur sera tenu
en payer et bailler par chescun an à lad. seigneurie de Celliers au
jour et feste Sainct Brice deux boiceaulx de bled par tiers froment
seigle et avoyne sy tant se trouve qu'il en soit deu. Et ce pour tous
aultres charges et debvoirs quelzconques qu'ilz ont de la quelle terre
susdicte jouir, user, posséder et exploicter par ledict sieur et les
sieurs iceulx dictz vendeurs pour eulx et leurs hoirs, s'en sont de-
sunis, desvêtuz et dessaisiz et en ont vestu et saysy led. achapteur,
faict vray sieur propriétaire et possesseur, par l'octroy et trasdic-
tion de lesdictes présantes, promectant lesd. vendeurs à chascun
d'eulx seul pour le tout, renonciant comme dessus de bonne foy et
soubz l'obligation et ypotecque de tous et chescuns leurs biens
meubles et immeubles présens et futurs quelzconques, garentir es
deffendre à perpétuité par lesdictz vendeurs audict sieur ladicte
pièce de terre de tous, vers et contre tous de tous troubles, ypo-
tecques et aultres empeschemens quelzconques ; en défault de ce
amander et encores ladicte femme aux droictz de Velleien (2) et
à l'Autenticque (3) *si qua mulier* et à l'Espitre *Divini* Adrian (4) :
droictz introduictz en faveur des femmes, que nous, notaires soubz
escriptz, leur avons deuement donné à entendre qui sont que
femmes, ne peuvent obliger, vendre ne intercedder pour autruy
sans lesdictes renonciations. De et sur ce que dessus est dict tenir
et garder, dont lesdictz vendeurs, chescun d'eulx seul pour le tout,
renonciant comme dessus de leur consentement et requeste en ont
esté jugez et condamnez par le jugement et condamnation de ladicte
court, à la jurisdition, cohersion et contraincte de la quelle ils se
sont supposez et soubzmis de leursd. biens quand ad ce, le scel de
ladicte court à ces présantes mis et apposé en signe de vérité. Faict
et passé aud. Chastelleraud, le dixiesme jour de juin, l'an mil cinq
cens soixante et quatre, et a ladicte Ferrand signé la minute de ces
présantes ; quand ausdictz vendeurs ont déclaré ne savoir signer. »

MORICET.

(1) La Chancellerie, lieu détruit, ancien fief relevant de Mousseaux,commune
des Ormes?
(2) Sénatus-consulte refusant aux femmes le droit de s'engager pour autrui.
(3) Extrait que les glossateurs ont fait de novelles de Justinien dites par eux
Corpus authenticarum.
(4) L'empereur Adrien, code connu sous le nom de l'*Edit perpétuel.*

Sur le verso de cette pièce on lit diverses mentions à relever et dont voici le texte, en commençant par les plus anciennes :

« Contract d'acquest faict par Monsieur Descartes. — Loys Lhomier et ses sœurs. »

Acquetz faicts par M. Des Cartes, des David et des Lhomiers, aux Cartes.

Acquet de Lhomier par le seigneur des Cartes de terres sises en la seigneurie de Piles.

Enfin, d'une écriture du 18e siècle : « Couvent. — Les Cartes — acquets par le seigneur Des Cartes de Louis et Caterine Loumier, d'une pièce de terre au lieu appelé Ribon, fief du Port de Piles, au Cellérier, du 10 juin 1564. »

PIÈCE JUSTIFICATIVE N° 10

Maingodus de pago Turonico dat census quos recipiebat a Lamberto de Haia

(c. an. 1075).

« Memoriæ posterorum tradere volumus quæ nostris gesta sunt temporibus, scilicet nos monachi Nucharienses, quia cum abbas Reginerius jam dicti cœnobii Nuchariensis, pergeret per Lemovicensium pagum, petendo auxilium ad jam dictum cœnobium restaurandum, venit ad sanctum Valericum ubi invenit quemdam virum, Maingodum nomine, de Turonico pago, qui dedit illi et monachis supradicti cœnobii IIII denarios census, quos recipiebat unoquoque anno Gaufridus Pililulus de pratis quæ tenebat idem Maingodus de Lamberto de Haia. Item *habebat terram ad Quartas*, ex qua exiebat illi unoquoque anno dimidius modius segle, quem recipiebat Benedictus Berierus, et ipsum dimidium modium similiter dedit monachis pro eo quod in eodem cœnobio nutritus fuerat, et ut beneficium omnium monachorum in eadem ecclesia Deo servientium tam corpori quam animæ illi sit proficuum. »

PIÈCE JUSTIFICATIVE N° 11.

Les Descartes de Lencloitre.

A Châtellerault le 26 novembre 1447. Perrin Descartes (1), le jeune, demeurant à la Cloistre, en la paroisse d'Amberre (2), arrente à perpétuité de Jean Chédevergne l'aîné et de Gilette Pelletier, sa femme, paroissiens d'Orches, une maison à fest de quatre travées assise à la Cloistre, par de là le pont, avec une pièce de terre contenant trois boisselées tenant à ladite maison, tenant le tout au cymetière de la Cloistre d'une part et au chemin tendant dud. lieu de la Cloistre à Mirebeau d'autre part et au champ de Massille d'autre part et au champ du grand Perrin Descartes ... (Arch. Vienne, H², couvents de femmes, liasse 16.)

17 janvier 1459, vente de quinze sols de rente et une géline due par Perrin Desquartes, demeurant à la Cloistre, au lieu de la Tousche, pour raison de houstel et appartenances dud. lieu de la Tousche. (Arch. Vienne, couv. de femmes, liasse 19.)

25 mars 1482, à Châtellerault. Adam et Cardin Desquartes, frères, vendent aux religieuses de La Cloistre une pièce de terre assise près la vigne des hoirs feu Perrin Desquartes, contenant neuf boisselées de terre ou environ, dans la juridiction du prieur de la Cloistre. (Arch. Vienne, couv. de femmes, liasse 19.)

1er avril 1482, à Châtellerault. Charlot et Adam Descartes et Jehan Gavereau comme administrateur de Jehanne et de Johenne damoiselles, ses filles, vendent aux religieuses du couvent de la Cloistre en Gironde, une pièce de terre assise en la paroisse de Boussageau... (Arch. Vienne, couv. de femmes, liasse 19.)

6 mai 1482, à Châtellerault. Simon Descartes, demeurant à la Cloistre en Gironde, vend une pièce de terre en la paroisse de Boussageau. (Arch. Vienne, couv. de femmes, liasse 19.)

6 août 1482, à Châtellerault. Mathurin Gavereau, mari de Perrine Desquartes. — Cardin Desquartes et Ysabeau Desquartes femme de Guillemin Saulnier. Un certain Saulnier, meunier au bourg de Montierneuf (Poitiers), marié à une Desquartes. (Arch. Vienne, couv. de femmes, liasse 19.)

(1) Le même que celui signalé par l'abbé Lalanne, t. II, p. 364.
(2) Saint-Genet-d'Ambierre.

1ᵉʳ décembre 1489. Partages entre les héritiers de Perrin Desquartes : Jeanne Desquartes, veuve de Guillaume Jahier et Micheau Desquartes ...

« Saichent tous, présens et advenir que en droict en la court du scel estably aux contractz à Gironde pour noble et puissant seigneur Jehan bastard d'Harcourt, seigneur dud. lieu de Gironde (1) pardevant nous pris et personnellement establiz et demeurant soubmiz quant à ce Jehanne Desquartes, vefve de feu Guillaume Jahier dame de Soy (?), en son nom, Micheau Desquartes le jeune, en son nom aussi comme aiant acquis le droit et partage de Jehanne Desquartes, sa niepce, fille de feu Pierre Desquartes, frère desd. Micheau et Jehanete, Guillaume Desquartes, en son nom et aussi comme ayant acquis le droit et partage de Micheau Desquartes, son nepveu, fils de Jehan Desquartes, led. Jehan, en son vivant frère desdits Guillaume, Micheau, et Jehanete ; Pierre Guygneau en nom et à cause de Françoise Desquartes, sa femme, sœur des dessusdits pour la quelle led. Guygneau s'est fait fort et a promis lui faire ratifier et approuver le contenu en ces présentes toutefois que requis en sera, tous et ung chacun d'eulx héritiers en sixiesme partie de tous et chacuns les biens demeures et héritages quelsconques qui furent à feu Perrin Desquartes, père desd. héritiers, lesquels Jehanete, Micheau, Guillaume Desquartes et Pierre Guygneau à cause de sadite femme et ung chacun d'eulx en tant que à ung chacun d'eulx toucher ou peut toucher ès noms dessusdits, ont cogneu et confessé de leurs bons gré, plaisir et volonté   et par ces présentes cognoissent et confessent pour eulx et pour les leurs hoirs et successeurs et aiant cause d'eulx en temps advenir avoir fait entre eulx les partages et divisions des domaines et héritaige à eulx échuz et obvenuz par le trespaz succession escheante dudit feu Perrin Desquartes leurdit père en la forme et manière qui s'ensuit : cest assavoir qu'il est demeure sera et demeurera à ladite Jehanete Desquartes vefve de feu Jahier et audit Micheau Desquartes le jeune, pour raison du droit ès partie qu'il se dit avoir acquis de ladite Jehanne, sa niepce, pour leurs deux sextiesmes parties indivises

(1) Le 10 mars 1472 (v. s.), Charles d'Anjou, comte du Maine, de Guise et de Mortain, vicomte de Châtellerault et gouverneur de Languedoc, avait transporté à son cousin, Jean bâtard d'Harcourt, pour la somme de trois mille écus qu'il lui devait la seigneurie de Gironde avec ses appartenances sous la réserve du droit de réméré pour lui et ses hoirs. (*Titres de la maison ducale de Bourbon*, t. II, p. 367.)

entre elles de toutes et chacunes les maisons, cours, bailz ou hé-
bergemens qui furent aud. feu Perrin Desquartes, leur père, estans
lesdites maisons on bourg de la Cloistre les Gironde, c'est assavoir
une petite maison, court et ...... avec une pièce de terre tenant le
tout ensemble contenant le tout trois boisselées ou environ ..... »
(*Arch. Vienne.* E², 71.)

La suite de ce texte n'ayant aucun intérêt nous le suppri-
mons.

26 novembre 1498, à Gironde. Micheau Descartes, drapier, demeurant à Mirebeau, et Guillaume Descartes, demeurant à la Cloistre,
frère dud. Micheau, vendent aux dames du couvent de la Cloistre
les Gironde diverses pièces de terre. (*Arch. Vienne.* Couvents de
femmes, liasse 19.)

PIÈCE JUSTIFICATIVE N° 12.

Mariage de Catherine Ferrand avec René Repin.
À Poitiers, le 7 juillet 1561.

.... « Ont esté présens et personnellement establis : honorable homme messire Jehan Ferrand, docteur en médecine et jadis
médecin de la feue Royne Léonor et dame Louise Rasseteau, sa
femme et Catherine Ferrand leur fille.... autorisées par led. Ferrand, demeurant à Poitiers, d'une part,

Et noble homme maistre René Repin, avocat en la court présidiale de Poictiers et y demeurant, fils aîné et principal héritier de
feu maistre Loys Repin, escuier, seigneur de la Ronde et damoyselle
Marie Pelisson, sa femme...... dot de René Repin, la métairie de
la Minière, paroisse de Vernon..... Fait et passé aud. Poictiers, le
septième jour de juillet, l'an mil cinq cent soixante et ung. Ainsi
est signée la minute de ces présentes : M. Regnault, G. Gervain, notaires royaulx aud. Poictiers. »

PIÈCE JUSTIFICATIVE N° 13

Amortissement de rente pour M. de la Coste sur la Salle
27 juin 1617

....

« Françoys Desmons, écuier, sieur de la Coste, demeurant parois-

se de Vaux, d'une part, et Louise Ferrand, veuve de défunt Anthoine Desmons, vivant écuier, sieur de la Salle, demeurant de présent
en ceste ville..

« Fait et passé à Châtelleraultaprès midy, en la maison de la Salle,
le vingt septième jour de juin, l'an mil six cens dix sept. »

(Arch. Vienne, E^s. 778.)

PIÈCE JUSTIFICATIVE N° 14

Acte de Curatelle de Louis, Martine et Louise Ferrand.

A Châtellerault, le 3 juin 1570.

« Entre maistre Jehan Ferrand, médecin ordinaire du Roy, nostre
sire, Me Michel Ferrand, René Repin, escuyer et Pierre Bruneau,
advocatz au siège présidial de Poitiers, dame Claude Ferrand, vefve
de feu maistre Pierre Descartes, en son vivant docteur en médecine,
tous comparans en personne et par maistre Guillaume Canche, leur
procureur demandeurs d'une part, et maistre Loys Ferrand, chanoyne
de l'église collégiale de cette ville de Chastellerault, Martine et Loyse
Ferrand comparans personnellement et par Me Jehan Petit, leur procureur défendeurs, d'autre part; led. Canche, pour lesd. demandeurs,
a dict que puis naguères maistre Jehan Ferrand, aussi docteur en
médecine et dame Loyse Rasseteau, sa femme, père et mère desd.
parties et de maistre Anthoine Ferrand, advocat en parlement,
absent, et de dames Catherine et Jehanne Ferrand, femmes desd.
Repin et Bruneau, sont décédés et que, par ce, leurs successions tant
mobiliaires que immobiliaires doivent estre partagées, et d'autant
que lesd. défendeurs sont myneurs adultes il leur est besoin estre
pourvus de curateurs. Et, à cest effect, ont fait appeller tant lesd.
mineurs que vénérable personne maistre Anthoine Le Poix, doyen de
l'églize de Nostre Dame de cetted. ville, oncle paternel desd. parties,
messire Jacques Doret, chanoyne en lad. esglize, Me Anthoine
Truaud, procureur en la court de céans, sire Jacques Girard, maistre Jehan Bodin, advocat en la court de Parlement, estant à présent
en ceste ville (1), tous parents desd. myneurs, lesquelz myneurs ont

(1) Jean Bodin, avocat au Parlement de Paris. Plus tard, auteur du livre *De
la République;* il avait alors 41 ans.

comparu en leur personne, ensemble les parens, fors pour le regard desd. François Brochard et Bodin, contre les quels avons donné défaut o tel proufict que de raison ; ce faict, avons faict faire serment auxd. parens de nommer et eslire curateurs auxd. myneurs de personnes idoines et valables pour la gestion de la curatelle d'iceux. Lesd. Loÿs, Martine et Loÿse Ferrand ont dict qu'ilz n'entendent avoir aucun curateur pour l'administration du revenu de leurs biens parce qu'ils sont adultes et proches de majorité, ains seulement pour le faict du partage des successions, justes procès et différens qu'ils pourroient avoir pour raison desd. successions et ce qui en dépend. Et nous ont lesd. Loÿs et Loÿse Ferrand nommé aux fins susdites, led. maistre Pierre Brochard, et lad. Martine, led. Petit. Led. Brochard a dit qu'il est receveur ordinaire pour le Roy en ceste ville et ne peut vacquer au faict dud. partage ; lesd. Le Poix, Doret, Arnault et Girard ont nommé et esleu led. Brochard et Petit..... Protestation de Jean Ferrand, médecin ordinaire du roy, à l'endroit de ses cohéritiers..... Donné et faict en la court ordinaire de la sénéchaussée de Chastellerault tenu aud. lieu pour nous, Laurens Rivière, docteur en droict, juge et lieutenant général (1) pour le roy et madame la duchesse dudict lieu, le sabmedy, troisième jour de juin, l'an mil cinq cens soixante et dix. »

PIÈCE JUSTIFICATIVE N° 15

Récompense de neuf mille livres faite à Louis, Martine et Louise Ferrand.

A Chastellerault, le 11 juin 1570.

« Cet acte est signé à la minute Jean Ferrand, Michel Ferrand, Antoine Ferrand, Claude Ferrand, René Repin, Pierre Bruneau, Jehanne Ferrand, Catherine Ferrand, Loys Ferrand, Martine Ferrand, Loyse Ferrand, A. Le Poix, F. Brochard, J. Doret, J. Girard, A. Arnault, Jehan de Saignes, Estienne Le Gay, P. Brochard, comme curateur, J. Petit, J. Potron et M. Morice. »

(1) Il avait succédé immédiatement à Gautier Rasseteau, conseiller au parlement de Bretagne et lieutenant-général de Châtellerault. Ce dernier jouissait d'une grande considération dans le Poitou et était cousin de Pierre Rasseteau, marié à Prégente Brochard.

On remarquera que cette énumération comprend les neuf enfants de Jean Ferrand et de Louise Rasseteau.

Garçons :	Filles :
1 Jean	5 Claude
2 Michel	6 Jeanne
3 Antoine	7 Catherine
4 Louis.	8 Martine
	9 Louise.

A ce moment : Claude était veuve de Pierre Descartes ; Jeanne mariée à Pierre Bruneau, sieur de la Roussière ; Catherine à René Repin, sieur de la Ronde ; Martine était encore fille et Louise avait épousé Antoine Desmons, sieur de La Salle.

PIÈCE JUSTIFICATIVE N° 16.

Transaction par Michel Ferrand pour son frère Antoine au sujet d'une rente due à ce dernier.

A Poitiers, le 1ᵉʳ mars 1576.

« Sur les procès et différands, meuz, pendans et indécis pardavant Monsieur le Prévost de Paris et Messieurs les gens tenant la Court présidialle en son chastellet à Paris, entre noble homme Mᵉ Anthoine Ferrand, conseiller et magistrat en lad. Court présidialle, demandeur, d'une part, et Pierre Guillon en son nom et comme héritier o bénéfice d'inventaire de feu sire Jahan Guillon, son père, Loys Chevallier et sa femme, Jullyen Barbillon, on nom et comme loyal administrateur de ses ensfens et de feue Jacquette Guillon, Pierre Allard, tant en son nom que comme curateur de Charlotte Girard et Annette Girard et Pierre Girard ensfens de feu Raymond Girard et Loyse Guillon, tous héritiers o bénéfice d'inventaire dud. feu Jahan Guillon, èsqueulx procès estoit question de cent treize livres dix solz ts. de rente généralle faisant party de deux cens cinquante livres tⁿ auparavant constitué à feu messire Jehan Ferrand, en son vivant docteur en la faculté de médecine par lesd. Jahan et Pierre Guillons, tandant icelluy noble Mᵉ Anthoine Ferrand ad ce que lesd. Guillons eussent à admortir icelled. rente de cent treize livres dix sols t., sy mieux ilz ne voulloient asseurer icelled. rente pour l'advenir, en la quelle instance seroit ensuyvi plusieurs jugemens pour mectre fin à l'exécution des queulx Révérend père en Dieu Messire Charles de Peyrusse, evecque et duc de Langres recongnaissant que lad. constitution de rente auroit esté faicte par lesd. Guillons pour luy et à son profict et pour luy faire plaisir, auroit osfert estaindre et admortir lad. rente de cent treize livres dix solz tournoys. Et pour cest esfect, en droict, en la Court du scel estably aux contractz à Poictiers, pour le Roy, nostre sire et Royne d'Escosse douairière de France, ont été présens et personnellement establiz noble homme Michel Ferrand, conseiller magistrat au siège présidial de ceste ville de Poitiers, on nom et comme procureur et ayant charge et soy faisant fort pour led. noble M· Anthoine Ferrand, son frère, d'une part, et M⁰ Laurent d'Asnières on nom et comme gérant les affaires dud. sieur Révérend messire Charles de Peyrusse, evesque et duc de Langres, d'aultre part, demourans lesd. partyes en ceste ville de Poictiers, entre les quelles partyes stippulans et acceptant respectivement par icelles, a esté faict et accordé ce qui s'ensuit. C'est assavoir que led. d'Asnières pour led. sieur révérend a baillé et payé contant, réaulment et de faict, en la présence de nous, notaires soubzsignez aud. sieur Ferrand pour son dict frère, la somme de treize cens soixante deux livres ung solz huict deniers t. en escuz sol, pistolletz, realles, testons, et douzains. . . . . au poix et pris de l'ordonnance du roy que led. sieur Ferrand ond. nom a eue prinse et receue et s'en est contanté et en a quicté et quicte et promis acquicter perpétuellement led. sieur révérend. Et moyennaut ce est dict et accordé que lad. rente généralle de cent treize livres dix solz faisant partie et prinse de la rente généralle de deux cens cinquante livres tˢ. constitué par led. Jahan et Pierre Guillons aud. feu messire Jahan Ferrand sera et demeurera perpétuellement extaincte et admortye, sans que pour l'advenir led. noble maître Antoine Ferrand en puisse aulcune chose prétandre ne demander soit aux héritiers dud. feu Jahan Guillon, soit aud. Pierre Guillon, ne aud. sieur Révérend.. Lad. rente de 250 liv. créé par lesd. Guillon père et fils aud. feu Ferrand, médecin dès le quatriesme septembre mil cinq cens soixante huict. Signé Chaigneau et Chauveau, notaires aud. Poictiers. » — Le reste n'a pas d'intérêt...

Faict à Poitiers, le premier jour de Mars, l'an mil cincq cens soixante seize, ainsy signé en minutte : Ferrand, pour l'extinction de cent treize livres dix solz tournoys. »

PIÈCE JUSTIFICATIVE N° 17

Transaction entre Michel Ferrand, son frère Antoine et leurs sœurs au sujet de la succession de Louis Ferrand.

A Poitiers, le 21 février 1587.

« Aujourdhy pardavant nous, notaires et tabellions royaulx..... à Poictiers..... a esté présente en sa personne damoiselle Màrtine Ferrand, vefve de feu Berthelemy de Lavau, vivant escuier, sieur du Turau, demeurant en ceste ville de Poictiers..... La quelle, après avoir entendu le contenu de certain contrait de transaction fait entre noble homme Michel Ferrand, conseiller du roi, lieutenant général à Châtellerault, tant pour lui que pour se faisant fort de noble homme Antoine Ferrand, son frère, conseiller du roi au chastelet de Paris, dame Claude Ferrand, veuve de défunt M° Pierre Descartes, vivant docteur en médecine, assistée de noble Joachim Descartes, conseiller du roi en sa court de Parlement de Bretaigne, son fils, et encore led. Descartes comme son faisant fort de lad. damoiselle Martine Ferrand ; et Anthoine Desmons, escuier, sieur de la Salle et exempt[t] des gardes du roi, soy faisant fort de damoiselle Loyse Ferrand, son épouse, tous héritiers de défunt Loys Ferrand, avocat au siège présidial dud. Poitiers d'une part.

Et dame Marguerite Cothereau, dame de la Sablonnière, veuve de feu Loys Ferrand, d'autre part.

Par lequel ils avaient ensemblement transigé de la succession dud. défunt loys Ferrand. . . . .
. . . .

Passé à Poitiers, en l'hôtel de la demoiselle Ferrand avant-midi, le vingt uniesme jour de febvrier, l'an 1587.

Brethé et Béga, not. »

PIÈCE JUSTIFICATIVE N° 18

Transaction entre Antoine Ferrand et dame Claude Ferrand, veuve de Pierre Descartes, au sujet de la succession de défunt noble Jean Ferrand (leur frère), vivant sieur de la Fouchardière.

A Châtellerault, le 17 septembre 1593.

« Ont été présents : Noble Antoine Ferrand, conseiller du roi en la prévôté et vicomte de Paris étant à ce moment à Chatellerault, d'une part,

Et dame Claude Ferrand, veuve de feu noble homme Pierre Descartes, vivant docteur en médecine, demeurant dans cette ville, d'autre part. »

PIÈCE JUSTIFICATIVE N° 19

Transaction entre les héritiers de Jean Ferrand (1)

A Châtellerault, le 21 septembre 1593.

« Comme ainsy soit que feu noble homme Jehan Ferrand, vivant conseiller et médecin ordinaire du Roy (1), par son testament du dixièsme jung mil cinq cens quatre vingtz quatre, signé Moricet et de la Fuye, notaires royaulx, ayt esté faict plusieurs legs aux pauvres et oultre donné à noble homme Michel Ferrand, conseiller du Roy, lieutenant général pour sa majesté à Chastellerault, la somme de quatre mil livres ou sa maison de la grange et vigne du Jau (2), au choix et option de ses héritiers, et à noble homme Anthoine Ferrand, conseiller du roi au Chastellet de Paris la somme de six cents escuz et en attendant que ladicte somme luy soit payée, la jouissance des rentes générales que led. defunct Ferrand, testateur, avoit acquises de damoiselle Prévost sur les Aubues (3) à Fronsilles (4)

(1) Il s'agit de l'aîné des Ferrand, issu de Jean Ferrand et de Louise Rasseteau.
(2) Le Jau, près la Guignardière, h. commune d'Oyré, *meslairie des Jaux*, 1755 (terrier de la Groye, p. 676); — *du Jau*, 1756 (*ibid.*, p. 156).
(3) Château et ferme commune de Châtellerault *les Aulbués*, 1419, *les Aulbues*.
(4) Maison rurale, commune de Châtellerault.

et des sieurs du Bournays (1) et de la Malletière (2), qui est de cent
livres, si mieulx led. Ferrand, conseiller audict Chastellet ne veult
prendre les dictes rentes, en laissant à ses cohéritiers la somme de
cent trente trois escuz ung tiers pour satisfaire aux legs de son testament, et oultre leur auroit donné les livres de son estude, lesquelz
dons auroyent esté cy davant consentyz purement et simplement
aud. sieur lieutenant son exécuteur, tant par dame Claude Ferrand,
sœur dud. feu et vefve de feu noble homme Pierre Descartes, vivant
docteur en médecine, que par Anthoine Desmons, escuyer, sieur
de la Salle et damoiselle Loyse Ferrand, son expouse ; Et quant
audict Anthoine Ferrand, damoiselle Martine Ferrand, vefve
de feu Barthélémy Delavau, vivant escuyer et l'ung des vingt
cinq eschevins de la ville de Poictyers, feu Loys Ferrand, vivant advocat aud. Poictiers et sieur de la Fouchardière, M. Pierre
Bruneau, aussy advocat audict Poictiers, tant pour luy à cause de
dame Jehanne Ferrand, sa femme, que comme curateur de Hillaire
Repin, escuyer sieur de la Ronde, représentant feue damoiselle Catherine Ferrand sa mère, auroyent esté oys pardavant les gens tenant les registres du Palais, à Paris et despuis par arrest donné à
la requeste de Monsieur le procureur général, le cinquième jour de
jung, mil cinq cens quatre vingtz sept, auroit entre aultres choses
esté ordonné que les legs desd. pauvres sortyroyent leur effect et
d'aultant que telz procès concernant les legs faictz ausd. Michel et
Anthoine Ferrand, pourroient prendre long traict, pour obvier à
iceulx, par l'advis des parens et amis communs desdictes partyes,
a esté faict l'accord qui s'ensuit. Pource est il qu'endroict en la court
du scel establly aux contractz à Chastellerault pour le Roy et Monseigneur le Duc pardavant nous, notoires royaulx soubz signez ont
esté présens et personnellement establyz les dictz Anthoine Ferrand,
conseiller du Roy aud. Chastellet de Paris, ladicte damoiselle Martine Ferrand, vefve dudict feu Berthellemy Delavau, vivant escuyer,
l'nn des vingt cinq eschevins de la ville de Poictyers, lesquelz ont
consenty et accordé les legs dudit sieur Ferrand, lieutenant général
audict Chastellerault purement et simplement, comme pareillement
ladicte damoiselle Martine Ferrand a consenty, accorde la délivran-
ce des legs faicts audict Ferrand, conseiller aud. Chastelet, et où il
ne pourroit à l'advenir, estre payé de la rente deue par lesd. sieurs

(1) Commune d'Usseau.
(2) Commune de Vaux.

du Bournays et de la Mailletière que les biens qui leur escherront
à cause de la succession dud. feu Ferrand leur frère (1) demeurent obligez et hipothéquez à la garantye de son dict legs, en
quoy faisant les partyes sont mises hors de court et du procès sans
despens, domaiges et intérestz d'une part et d'aultre, tout ce que
dessus respectivement stipulé et accepté par les dictes partyes et le
dict sieur lieutenant, les quelles à le tenir à perpetuité en tous
points, à peyne de tous dommaiges et inthéretz, ont de bonne foy
obligé et hipothéqué tous leurs biens présens et futurs quelzconques, de ce esté à leurs requétes jugés et condempnez par la dicte
court, le scel.... faict et passé audict Chastellerault le vingt uniesme jour de septembre mil cinq cens quatre vingtz treize, avant
midi, en la maison dudit sieur lieutenant, et ont les dictes parties
signé la minutte des présentes. »

M. Laurens. »   J. Massonneau. »

PIÈCE JUSTIFICATIVE N° 20

Partage des biens de Jean II Ferrand, médecin du roi, et de
Loÿs Ferrand, avocat à Poitiers, entre les autres frères et
sœurs.

A Châtellerault, le 23 septembre 1593.

« Et le jeudy, vingt troisiesme jour de septembre mil cinq cens
quatre vingtz treize, se sont comparus pardavant nous, notaires
royaux et de Monseigneur le duc de Chastellerault, nobles hommes
Me Michel Ferrand, conseiller du Roy et lieutenant général audict
Chastellerault, Anthoyne Ferrand, conseiller du Roy en son Chastellet de Paris, dame Claude Ferrand, veufve de desfunct messire
Pierre Descartes, vivant docteur en médecine, en présence de Joa-
chin Descartes, escuyer, aussy conseiller du Roy en sa court de
parlement de Bretaigne, Pierre Bruneau, escuyer, Sr de la Roussière et damoyselle Jehanne Ferrand son espouze, Hillaire Repin escuyer, sieur de la Ronde, damoyselle Martine Ferrand, veufve de

---

(1) Ici on a surchargé à tort en mettant peut-être avec intention un *p* à la
place d'un *f*. Ce qui constituait une erreur tirant à conséquence, puisqu'elle
avait été sur le point de susciter un procès.

feu Barthelemy de la Vau, vivant escuyer, pair et eschevin de la
ville de Poictiers, et Anthoyne Desmons, escuyer, sieur de la Salle
et damoyselle Loyse Ferrand, son espouse, tous héritiers de defunctz
messire, Jehan Ferrand, vivant conseiller du roy et son médecin
ordinaire et de Loys Ferrand advocat à Poictiers, les quelz après
avoir heu communiquation et oy la lecture des lotz cy dessous les ont
agrées à la charge que celluy auquel adviendra la maison de la
Fouchardière aura et prendra cinquante escuz sol des premiers
deniers qui proviendront des successions non partagez et oultre que
celluy auquel adviendra la maison de ceste ville sera tenu d'entretenir la ferme jusques à la Sainct Jehan prochaine; plus est accordé que ladicte damoyselle Loyse Ferrand recevra les fruictz, des
susdictz hérittages jusques au jour de Pasques prochain, fors de
ladicte maison jusques à Pasques demeureront en commung les réparations faictes par le fermier qui seront les premières prinses, et
oultre est accordé que ceux auxquels adviendra la maison de Beaulieu (2), payeront la rente deue au prieur de Fonmore (1), et
ce par celluy ou ceux à qui la terre de la Fouchardière adviendra
en faisant la subdivision desdictz troys solz suyvant le testament
dud. desfunct et que chascun à son regard payera les rentes féodal-
les et foncières des lieux qui leur écherront et s'il fault faire aulcuns
fraiz pour l'éxecution du testament dudict desfunct seront prins sûr
les deniers qui sont destinez pour estre distribuez aux pauvres sellon
et au désir du dict testateur, consentans par les dictz hérittiers qu'ilz
soyent dellivrés ont esté faictz sept brevetz qui ont esté mis dens
ung chappeau et meslez, ont esté tirez par ung pauvre prins à la
porte et par l'issue dud. sort a esté le sixièsme lotz demeuré à lad.
Claude Ferrand, le second lotz audict Ferrand, lieutenant, le quatrième aud. Repin, le cinquièsme aux dictz Bonneau et sa femme,
Audict Mᵉ Anthoyne Ferrand le premier lot, le septiesme à lad. damoyselle Martine Ferrand et le troisiesme desd. lotz ausd. sieurs de
la Salle et son espouze desquelz dictz lotz tous les dessusd. parta-
geans se sont contantés et sy ont lesd. sieurs Ferrand lieutenant, et
conseiller au Chatellet de Paris, veufve Descartes, Bruneau, son espouze, Repin Desmons et sa femme payé et baillé contant à ladicte
damoyselle Martyne Ferrand à laquelle est escheu le septièsme lot,
à chacun la somme de quatre cens livres tournoys, revenant à deux

(1) Ferme, commune de Vellèche.

mille quatre cens livres tournoys qu'elle a heue prinse et receue s'en est tenue et tient pour contante quicte et quicte lesd. sieurs par ces présentes, et les quelz deniers et aultres qui deppendent dud. septiesme lot soit des aprésent réalisez et tiendront lieu à icelle dicte Ferrand de propre patrymoyne. Tout ce que dessus stippullé et accepté par lesd. partyes, les quelles pour ce présentes, establyes et soubmyses en droict en la court du scel aux contractz à Chastellerault pour le Roy et monseigneur le Duc ont promis garder et entretenir de poinct en poinct les choses susdictes. . . . .
. . . .
Faict et passé aud. Chastellerault en la maison dud. feu Sr Ferrand après midy, les jour et an que dessus, et ont tous signé en la mynutte des présentes. Ainsy signé : Ferrand, A. Ferrand, Desmons, Repin, Bruneau, Claude Ferrand Descartes présens, Martine Ferrand, Loÿse Ferrand, Jehanne Ferrand, Ranché, Baudy et de la Faye, commissaires, Delafuye et Moricet, notaires.

Signé : Delafuye
Moricet qui a la minutte signée avec Me Loémet Delafuye. »

PIÈCE JUSTIFICATIVE N° 21

Transaction entre Michel Ferrand et Pierre Bruneau au sujet des successions de Jean Ferrand père, et de Jean Ferrand, fils de ce dernier.

A Châtellerault, le 23 septembre 1593.

« Comme procès soient meuz, pendans et indécis en la court des requestes de Parys entre noble homme maistre Michel Ferrand, conseiller du roy et son lieutenant général on duché de Châtellerault, et noble M° Pierre Bruneau, sieur de la Roussière, advocat au siège ordinaire et présidial de Poictou et dame Jehanne Ferrand, sa femme, ledict Bruneau tant en son nom que comme cydevant curateur de Hillaire Repin, escuier, sieur de la Ronde pour la récision de certain contrat de partage faict des biens de la succession de desfunct messire Jehan Ferrand, vivant docteur en médecine et dame Loïse Rasseteau, sa femme, on quel procès ledict Bruneau esdictz noms, s'estoit incidemment constitué demandeur en lettres roiaulx pour la récision dud. partage, ensemble pour la résection de certain testament par

ledict Ferrand prétendu avoyr esté faict par desfunct messire Jehan
Ferrand, vivant aussy docteur en médecine et l'ung des conseillers
et médecin ordinaire du Roy, frère des ditz Ferrandz par le quel
led. M⁰ Michel Ferrand prétendoit quelques legs luy avoir esté faictz
et donnez, lesquelz prétendus legs estoient débatuz par led. Bruneau,
èsd. noms par plusieurs raisons et moiens tant de subgestion que
aultres desduictz et alléguez par ledict procès d'aultant que icelluy
d. procès deslongtemps a esté intanté et que lesd. parties ont considéré prendre un long traict pendant le quel se nourriroit toujours
entre eulx une haine et rancune, et aussy que noble M⁰ Anthoine
Ferrand, conseiller au chastellet de Paris, le cas advenant que led.
testament fust déclaré nul, seroyt en danger de perdre le legz à luy
faict et donné par ledict desfunct, messire Jehan Ferrand, son frère,
encores qu'il aye faict depuis led. procès ce qu'il a peu pour mectre
paix entre lesd. parties, ont icelles parties par l'advis de leurs parens
et amys condescendu à l'accort et transaction qui s'en suit : pour ce
est il que en droict, en la court du scel estably aux contractz à Chastelleraud pour le roy et Monseigneur le Duc, ledict Ferrand, lieutenant général susdict d'une part, et lesdictz Bruneau et Ferrand,
sa femme esdictz noms et encores led. Repin majeur et personne de
ses droictz en sa personne, d'aultre part, lesquelz dictz Bruneau et
Ferrand sa femme o son octorité et led. Repin se sont désistez et
despartiz de la poursuite et procédure cy dessus mentionnées, et en
ce faisant pour les causes susdictes et nourrir et entretenir paix et
amitié entre eulx, déclarent qu'ilz consentent et accordent que led.
legz faictz aud. M⁰ Michel Ferrand, lieutenant susdict, ensemble ceulx
qui ont esté faictz audict M⁰ Anthoine Ferrand, conseiller susdict,
tant par lesd. desfunctz M⁰ Jehan Ferrand et dame Loïse Rasseteau
père et mère desdictz Ferrandz et par led. M⁰ Jehan Ferrand leurd.
frère aisné, leur demeure à perpétuyté et aux leurs, sans que pour
l'advenir ils y puissent, estre inquiettez par eulx, pour en jouir scelon
et au désir dud. testament et partant que les parties soient mises
hors de court et de procès sans dépens, dommages et interestz, et
ce moiennant que led. sieur Ferrand, lieutenant général susdict a
aussy déclaré et consenty que doresnavant desd. procès il n'en soyt
faict aulcune poursuite et qu'ils demeurent estaintz et assoupis tout
ainsy que s'ilz n'avoient oncques esté intantés, promectant pour son
regard et pour les siens pour l'advenir de n'en faire aulcune poursuite, ains par le contraire de pareillement consentir que les dictes

parties soient mises hors de court et dud. procès sans dépens, dommages et interestz, ce qui a esté stippullé et accepté par lesd. parties respectivement et à ce faire ont donné les foy et serment de leurs corps, obligé et ypothecqué tous et chascuns leurs biens meubles et immeubles, présans et futurs quelzconques et renoncent à toutes choses à ces présantes contraires, et mesmement la dicte Ferrand, à l'octorité dud. Bruneau sond. mary aux droictz de Velleian et Autenticque : « Sy qua mullier », qui lui ont esté donnez à entendre par nousd. notaires qui sont que femmes ne se peuvent obliger pour aultruy ne mesmes pour leur mariz, si expressement elle n'y renoncent, lesquelz droictz lad. Ferrand a déclaré bien entendre, dont les dictes parties de leur consentement, vollunté et à leur requeste ont esté jugés et condempnez par le jugement et condempnation de lad. court à la jurisdiction et cohertion de la quelle elles se sont supposées et soubmizes et leurs biens quant adce, le scel d'icelle à ces présantes mis et appozé en signe de vérité. Faict et passé aud. Chastellerault en l'hostel auquel led. Bruneau faict de présent sa résidence aud. Chastellerault, paroisse Sainct Jehan, le jeudy, vint troisiesme jour de septembre mil cinq cens quatre vingtz treize, et ont lesd. parties signé en la minutte des presentes, et ainsy signé : P. Bruneau, Repin, Jehanne Ferrand, Ferrand, A. Ferrand, Moricet et Delafuye, notaires. »

Au *verso* on lit : « Transaction de la succession de messieurs mes frères que Dieu absolve. »

PIÈCE JUSTIFICATIVE N° 22.

A Châtellerault, 15 janvier 1600.

« En la cour du scel establye aux contractz à Chastellerault.... personnellement establye et deuement soubmise Dame Claude Ferrand, Dame Descartes, demeurant en ceste ville, laquelle a cédé et transporté à perpétuité à Loÿs de Ferrou, escuyer, filz aisné du seigneur de Mondion, escuyer d'escurye de Monseigneur le duc de Montpensier et dud. Chastellerault, demeurant aud. lieu de Mondion, en la paroisse d'icelluy dit, absent et stipullant pour luy M° Claude Jahan, notaire royal sçavoir est : une pièce de terre de vingt boisselées aux Hentes, près le village de Panlois (par. de Mondion) joignant d'une part à la terre de la seigneurie de la Cassine pour la somme de trente cinq écus, ces terres appartenant à défunt noble maître Jehan Ferrand, vivant médecin et conseiller ordinaire du roy, frère de lad. dame Ferrand à laquelle lesd. vingt boissellées de terre estoient restées en l'hérédité dudict feu, ...

Fait et passé à Chastellerault en la maison de lad. dame Descartes, le quinziesme jour de janvier mil six cens, et ont lesd. dame Descartes et Jahan signé la minute des présentes. »

(*Arch. Vienne.* E⁸, 786.)

PIÈCE JUSTIFICATIVE Nº 23.

Extrait tiré de l'aveu de Besse (1) de l'an 1640, rendu par Claude Durivau, seigneur de la Chassagne, à Mre César de Certany, seigneur de la Barbelinière.

« Reconnais tenir de vous à cause de Anne de Sauzay, ma femme, mon fief, terre et seigneurie de Besse et Clasnay (2), au devoir de ... etc.; avec toute justice et juridiction, haute moyenne et basse avec le droit de faire jouter mes hommes, quand il me plaira, selon la coutume du pays.

Et s'ensuit la confrontation de la justice : tenant au village de Besse et au Moulin neuf (3), dud. Moulin à la Fosse Marmion, de là au chemin tendant à la teublerie Guérin et au gué Rosneau, et dud. gué tendant au gué de Thireau (4) et à la rivière de l'Envigne, et de lad. rivière, tendant au village de Besse.

Premièrement mon hôtel de Besse, consistant en maisons, etc. ...... le Moulin neuf appartenant à présent à Pierre Rasseteau, président de l'élection de Châtellerault. ...

Dîme de blé à Brenusson et environs.

Cens et rentes dus annuellement à Clasnay le jour de St Michel ....

Pierre Lorent, sergent royal, Claude Jahan, etc................
Une septerée de terre derrière le village de Clasnay appartenant

---

(1) Commune de Thuré, seigneurie de Poligny.
(2) Clané, commune de Châtellerault, district de Naintré.
(3) Sur l'Envigne, commune de Châtellerault. *Molin de Baesse appelé le Molin neuf.*
(4) Ruisseau, commune de Thuré.

à la veuve et héritiers de feu Mᵉ Pascal Boutault, vivant, avocat à Châtellerault.

....

Item, Pierre Ventelon, marchand, demeurant au faubourg de Châteauneuf.

.... tenant d'autre au pré des héritiers de feu Mᵉ Joachim Dandenac...

S'ensuivent autres cens et rentes à moy dus à Besse, payables le lendemain de la Toussaint de chaque année.

Premièrement René Androuet du Cerceau ... Les héritiers feu Jacques Chevallier et Marie de Bourdeaux, sa femme..., les héritiers de défunt Antoine Corchand, notaire royal .... Jean Gaultron de la Bâte .... Jean d'Availle, Pierre Massonneau, élu à Châtellerault. Jacques Chessé à cause de Marie Androuet .... d'autre tenant au pré de Mᵉ Jean Dubois, avocat ......: d'autre à la terre du sieur Beaurepaire, possédée lad. pièce par moi et ladite Androuet, femme dud. Chessé .... Jean Coudreau, notaire royal à Châtellerault ... Nicolas Marivin ... Pierre Philippon, maître des eaux et forêts .... Thomas Vincent Berton, notaire royal à Châtellerault.

Les susdits articles relevés du fief de Besse appartenant aujourd'hui à Mᵉ Guillon de Rochecot sont pour la plupart situés dans l'étendue de la mouvance circonscrite du fief de Clasnay, St Germain, Besse, appartenant à M. De la Vau de la Massonne..........

Ces deux fiefs relevant de la seigneurie de la Barbelinière en ont été anciennement détachés pour former la portion de deux cadets ainsi qu'il serait dit par un aveu de l'an 1300 de ladite seigneurie.»

Ce fief de Besse Clasnay n'avait jamais été possédé avec la seigneurie de Besse, avant l'acquisition qu'en fit Hélie de Sauzay, pour lors seigneur de Besse, en l'année 1613 de *mad. Dupuy, veuve du sieur Ferrand, lieutenant général, à Châtellerault*...............

Dates des aveux de ces deux fiefs rendus à la Barbelinière.

Du fief de Clasnay et Besse autrement qualifié de fief de Clasnay, Saint Germain, Besse.

Le 1ᵉʳ est du 27 février...................... 1391.
Le 2ᵉ du 8 septembre......................... 1433.
Le 3ᵉ du 18 avril............................ 1494.
Le 4ᵉ du .... 1526.
Le 5ᵉ du 19 avril............................ 1558.
Le 6ᵉ et dernier du 29 août................. 1637.

Fief de Besse Clasnay.

Le 1ᵉʳ est du 9 novembre..................... 1432.
Le 2ᵉ du 21 septembre..................... 1504.
Le 3ᵉ du 19 avril..................... 1558.
Le 4ᵉ et dernier du 12 juin..................... 1640.

PIÈCE JUSTIFICATIVE Nᵒ 24

Vente de la Bretallière au Seigneur de la Chassagne.

A Châtellerault, le 9 mai 1642.

« Jean Mousnier, sieur de la Fontbrun (1), conseiller du Roy, lieutenant en l'élection de Châtellerault y demeurant et fondé de pouvoirs
de Mʳᵉ Pierre Descartes, seigneur de la Bretallière, conseiller du roi
en sa court de parlement de Rennes, vend au sieur Jacques de Ferrou, écuier, seigneur de la Chassagne, et à demoiselle Louise Massonneau, son épouse, demeurant en la paroisse de Mondion, les maisons
et seigneurie de la Bretallière consistant en maisons, fief, métairies, cens, rentes nobles et féodales..... le tout situé en la paroisse
de Leigné sur Usseau et ès environ et tous ainsi que feu M. Messire
Joachim Descartes, vivant conseiller aud. parlement, père dud. seigneur Pierre Descartes, en a joui jusques à son décès (2) ou fermiers
pour lui et qu'en jouit encore à présent maistre Pierre Giraudeau,
fermier dud. lieu et quelle est eschue au sieur Pierre Descartes par
le partage fait avec ses cohéritiers [en 1641], lad. vente faite pour
le prix de six mille cinq cents livres dont trois mille furent payées
comptant en pistolles d'or realles d'Espagne et autre monnaye
ayant cours du poids et prix de l'ordonnance. Le surplus, trois
mille cinq cents livres, payables dans d'huy en un an aud. Sʳ Descartes, rendus en ceste ville de Chastellerault;..... pour la sûreté du
paiement les acquéreurs font intervenir « honorable Adam Renault,
sieur de Nociou (3), demeurant en la paroisse de Saint Gervais »....
Le vendeur réserve le prix de certains arbres dépendant de la Bretallière, vendus à Hiérosme Roffé, marchant de Chastellerault....

(1) Commune de Pleumartin.
(2) Arrivé à Chavagnes en octobre 1640 et enterré le 20 dudit mois dans
l'église des Cordeliers de Nantes.
(3) *Nossiou*, Saint-Gervais.

..... Fait et passé aud. Chastellerault après midi, le neufiesme jour de may l'an mil six cens quarante deux en la maison du dit sieur de la Fontbrun. » (*Arch. Vienne*, E^s, 777).

« 14 août 1643. Pierre Descartes, écuier, conseiller du roi en la cour de parlement de Bretagne, de présent à Paris, logé rue Serpente, paroisse de Saint Séverin, nomme son procureur général et spécial François Le Bossu, écuier, ci devant conseiller du roi et conseiller en la chambre des comptes de Paris, y demeurant rue Saint André des Ars ou pour recevoir de Jacques de Ferrou, écuier, sieur de la Chassagne, paroisse de Mondion, la somme de 3500 livres tournois restant due au vendeur. »

PIÈCE JUSTIFICATIVE N° 25.

A Châtellerault, le 12 août 1625.

« Le douziesme jour d'aoust mil six cens vingt cinq en droict à Chastellerault, pour le Roy et Madamoiselle la Duchesse dud. lieu, personnellement estably et soubmiz honorable Jehan Coutant, sergent royal, demourant audict Chastellerault, on nom et comme procureur spécial de René Descartes, escuier, sieur du Perron, par procuration du vingt septiesme juillet dernier passée, signée de nous notaires soubzscriptz cy après insérée, d'une part, et honorable Salomon Carré, chirurgien, M° Jehan Carré, procureur audict Chastellerault, et Charles Fromaget, sergent royal, tous demeurans aussy en ceste ville de Chastellerault, d'autre part, entre les quelles partyes a esté accordé que le dict Coutant, on dict nom, a baillé et affermé par ces présentes et promis garantir auxd. sieurs Carré et Fromaget, pour cincq années et cueillettes entières et consécutifves commençans dès la feste de Sainct Jehan Baptiste dernière, scavoir est les lieux, maisons et mestairyes de la Berthallière, Braguerie, la Durandière et le Couldray, sis en la paroisse de Leigné sur Usseau, o toutes les appartenances et dépendancés de logis, chenevières, prez, vignes, boys de haulte futaye, taillis, terres labourables et autres quelzconques desdictes choses affermées de lad. paroisse environs, ensemble le fief de Mombaudon, la Parentière audict sieur Descartes appartenant en lad. paroisse de Leigné sur Usseau avec tous les droicts de lods, ventes, cens, rentes et autres esmollumens d'iceulx, et en général toutes autres rentes en de-

niers, volailles, bledz et autres debvoirs deuz aud. sieur Descartes
èsdictes paroisses et ès environs, fors et excepté les rentes généralles
et les rentes du boys de Mondidier qui sont expressément réservées,
pour jouir par lesd. preneurs desdictes choses affermées bien et
deuement sans rien desmollir ladicte ferme faicte, pour en payer par
lesd. preneurs, chescun d'eux seul et pour le tout sans division,
renonçant au bénéfice d'icelle et à tout ordre de droict, de discution
et éviction, aud. sieur bailleur ondict nom en ceste ville de Chastellerault, chescunes desdictes années la somme de troys cens vingt
livres ès jours et festes de Pasques et sainct Jehan Baptiste, par
moictyé, premier paiement commençant au jour de Pasques de
l'année mil six cens vingt six et saint Jehan Baptiste après ensuivant et à continuer de terme en terme jusques au parfaict payement
de la dicte ferme, durant la quelle lesd. preneurs acquitteront
oultre et sans diminution dud. prix les debvoirs deuz et acoustumez
estre payés pour raison desdictz lieux et choses cy dessus affermées
et en libéreront led. sieur bailleur envers tous, entretiendront lesd.
preneurs les logis desdictes mestairyes, lieux et choses cy dessus
affermées de réparations nécessaires de couvertures pour la main de
l'ouvrier seullement et les rendront en mesme estat quilz leur seront baillez pandant lesd. années, prendront les dictz preneurs le
fagotage des arbres acoustumez estre estroncez lorsqu'ils seront en
coupe sans désadveux ni retards, et aussy la coupe de boys taillis
vulgairement appellé la Garenne dud. sieur Descartes, sise près la
garenne de la Mothe, qu'ils pourront coupper une foys seullement
rez terre deuement lorsqu'ils seront à coupper, et s'il tombe aucun
arbre par cravans et orages de temps durant lad. ferme et auront
lesd. preneurs les branches jusques à dix chartées de chescun orage,
sy tant y en a; laisseront lesd. preneurs en fin desd. années par coul-
lons les terres desd. choses affermées deuement ensepmencées en
grands et menuz bledz, comme eschoiront et aussy les foins, pailles
et pastures à la manière acoustumée, et les fumiers et engrais sans
en sortir ne mettre ailleurs, aussy laisseront les vignes faictes deuement par les mestayers de façons qu'elles le seront laissées et les
feront faire deuement durant lesd. années de toutes façons à temps
et heures, et les provings qui s'y trouveront; ne laisseront lesd. preneurs à la fin desd. années aucun bestail par ce qu'il ne leur en est
laissé. Laisseront lesd. preneurs en fin d'icelles années mestayers
èsd. mestairyes; feront lesd. preneurs planter chescune desd. an-

nées èsd. lieux, arbres fruictiers, noyers et aultres arbres jusques à
deux douzaines, s'il s'en trouve èsd. lieux affermez et sera faict vi-
site desd. logis pour faire paroir l'estat auquel ils sont àprésent affin
de les faire par led. bailleur ond. nom recouvrir bien et deuement
pour les rendre par lesd. preneurs à la fin desd. années en pareil
estat qu'ils leur seront laissés.

Tout ce que dessus respectivement stipulé et accepté par lesd.
partyes èsd. noms, lesquelles à les tenir à perpétuité et acomplir
de tous pointcz à peine de tous dommages et intérestz ont de bonne
foy obligé et hypothéqué tous et chescuns leurs biens, meubles et
immeubles... faict et passé aud. Chastellerault, en la maison de Massonneau, avant midy...

« S'ensuyt la teneur de la dicte procuration :

Le vingt septiesme jour de juillet mil six cens vingt cinq, en droict,
à Chastellerault, pour le Roy et Madame La Duchesse dud. lieu, personnellement establiz et soubmiz René Descartes, escuier, sieur du
Perron, estant et demourant de présent en ceste ville de Chastellerault, logé au logis de Sainct André, le quel a faict et constitué son
procureur général et spécial Jehan Coutant, sergent royal, demourant
aud. Chastellerault, auquel a donné plain pouvoir comparoir pour
luy..
comme ayant les droicts et la jouissance, fruictz, profictz, revenus
et esmollumens de la maison et seigneurie de la Berthallière, mes-
tayries, appartenances et dépendances et paroisses de Mondion et
Thuré de Monsieur Descartes, son père comme il a dict...........
faict et passé aud. Chastellerault, en l'hostellerie où pend pour enseigne Saint André après midy, et ont lesd. sieurs constituans et
procureur constitué..... signé à la minute R. Descartes, Coutant,
Contancin et Massonneau, notaires, et a esté la minutte scellée le
seiziesme dud. moys et an que dessus.

Signé : MASSONNEAU.

PIÈCE JUSTIFICATIVE N° 26

Déclaration rendue à messire Charles Martin d'Allogny, chevalier, Seigneur de la Groye et de Chesne.

8 avril 1642.

« Par Jean Chastellier, journalier, Guillaume Chabert, journalier,
Louis Delavau, tailleur d'habits, demeurant en la paroisse d'Oiré et

Jacques Chassemond, demeurant en la paroisse d'Ingrande ; c'est à scavoir l'héritage appelé le village des Biardeaux de Migny, en la paroisse d'Oiré, consistant en maisons, estables, four, puits, cour, aisances, jardins, vignes et terres labourables, contenant le tout seize boisselées ou environ *tenant d'une part aux terres de la métairie de la Corgère, appartenant au sieur Des Cartes,* conseiller pour le roi à Rennes en Bretagne, la courance descendant de la Croix Pelisson au pont de Migny entre deux............................... »

La Corgère :

1558 à Pierre Descartes. 28 septembre 1594 à Dame Claude Ferrand (veuve de Pierre Descartes).

1604, *idem.*

14 novembre 1610 à la dame Descartes, la même que ci-dessus.

10 mars 1630, au sieur Descartes (Joachim).

8 avril 1642, au même (voir le texte ci-dessus.)

En 1643, à René Descartes qui vend cette métairie à Pierre, son frère aîné.

Par une autre déclaration du 26 juin 1719, concernant l'héritage ci-dessus délimité on constate que la métairie de la Corgère était passée aux sieur et dame Dubois............................

14 mai 1748, la Corgère appartient au sieur Percevault à cause de sa femme. (*Arch. Vienne,* rég. 53 p. 43, inventaire des titres du fief de Chesne.)

PIÈCE JUSTIFICATIVE N° 27.
30 juin 1673.

« Déclaration rendue... par Pierre Rasseteau, docteur en médecine, demeurant à Châtellerault, au lieu de feu Me Pierre Rasseteau, vivant président en l'élection dud. Châtellerault, son père, qui fut à messire Pierre Descartes, vivant écuyer sieur de la Bretallière (1).

C'est assavoir le logis où il fait sa demeure ordinaire, située en lad. ville de Châtellerault, paroisse de Saint Jean Baptiste, devant le Carroy Bernard, consistant en chambres basses, hautes, grenier, cour devant et derrière, et caves, joignant d'une part par le devant, du côté du soleil couchant à la rue tendant de la porte Sainte Catherine à aller au Carroy de Lange, à main senestre, du septentrion

(1) Frère aîné de René.

au logis de... Belon, qui fut à feu maitre Bonenfant, vivant sieur de
Minerval, une ruette entre deux, du côté du levant aux murailles
de lad. ville et du midi au logis de Marie Babinet, veuve de feu
Me Pierre Massonneau, vivant, eslu à Châtellerault. »

(*Arch. Vienne*, Inventaire des titres du fief de Chesne, reg. 53,
p. 73.)

<h2 style="text-align:center">PIÈCE JUSTIFICATIVE N° 28.</h2>

« Généalogie des srs Ferrand, issus de Châtelleraud et de Paris,
mes parents ».

Extrait des *Mémoires de Robert du Dorat.*

(D. Fonteneau, t. XLV, p. 227)

« N. (1) Ferrand, célèbre médecin à Châtelleraud en Poitou, eut
deux enfants (2), l'un appelé Michel Ferrand fut lieutenant général à
Châtelleraud, homme fort docte, bon juge et de grands biens, l'autre
puisné fut Antoine Ferrand, lieutenant particulier au Chatelet,
siège présidial, à Paris, duquel est descendu autre Antoine Ferrand,
lieutenant particulier au dit Chatelet de Paris qui a eu un fils,
N. Ferrand à présent aussi lieutenant particulier au dit Chatelet de
Paris.

Maître Michel Ferrand, lieutenant général à Châtelleraud, épousa
Marthe (3) Du Puy, fille d'Antoine Du Puy, écuyer, sieur de Sossay,
receveur général des tailles en la généralité de Poitiers, du quel
mariage issirent autre Michel Ferrand, conseiller du roi au parlement de Paris qui est à présent de la Grande chambre, lequel fut
reçu audit office de conseiller le 13e jour de juillet de l'an 1607 qui
prit à femme N. (4) de la ville de Paris, dont descendirent deux
enfants à sçavoir : Pierre Ferrand, sieur de Janvry, conseiller du

---

(1) Jean Ferrand, le père, auteur du livre *De Nephresis et lithiasis.*
(2) Cette généalogie sommaire est moins intéressante par les filiations qu'elle
présente que par les vues qu'elle contient sur les personnes et les faits à
l'époque où elle fut écrite (1654). Robert du Dorat ne cite que deux garçons de
Jean Ferrand le père, tandis qu'il en eut quatre, ainsi que nous l'avons établi
dans le cours de ce livre Les deux garçons qui ont été omis sont : Jean Ferrand le fils, médecin ordinaire du roi, anobli en 1574; — Louis Ferrand,
avocat à Poitiers, marié à Marguerite Cothereau. Le premier était célibataire,
le second n'eut pas d'enfants.
(3) Marie et non Marthe.
(4) Anne du Tillet, en 1654.

roi en ladite cour du parlement, en la chambre des enquêtes, reçu audit office de conseiller le 12e jour de décembre de l'an 1642, le quel fut tué et assassiné en la ville de Paris, sortant de la maison de ville lors des factions de Louis, prince de Condé, dedans la ville, ladite maison de ville ayant été bloquée et assiégée et lui s'étant voulu sauver fut malheureusement assassiné par le corps de garde que l'on avait mis dedans les rues, dont il fut très grand dommage. Il était bien versé dedans les lettres et homme de bien et bon juge. Je perdis là un bon parent et un bon ami : cela arriva l'été de l'an 1652 (1). Il eut pour frère N. Ferrand, homme bénéficier d'église abbé de .....

Le dit maître Michel Ferrand, conseiller au dit parlement, eut deux ou trois frères, à sçavoir : Pierre Ferrand, sieur de Sossay, trésorier général de l'Extraordinaire des guerres en Poitou qui épousa une fille fort riche (2) dont sont sortis quelques enfants : N. Ferrand, procureur du roi au siège royal de Châtelleraud, décédé sans enfants, et N. Ferrand, homme de guerre.....................................

Le dit maître Michel Ferrand, conseiller au parlement de Paris, en la Grande chambre, est grâce à Dieu encore vivant, en cette présente année, au mois de mai 1654 ; Dieu lui veuille donner *annos Nestoreos, Nestoreum quoniam pietas et ora dedit.* Il est mon

(1) Cet événement est raconté en détail dans les mémoires du temps. Nous citerons Guy-Joly (p. 277) qui, après avoir été frondeur, se rattacha à la Cour. — « Cet obstacle (la porte de l'hôtel de ville) bien loin d'arrêter la fureur des séditieux, ne fit que les animer davantage, et pendant qu'une partie d'entre eux tiraient dans les fenêtres de la Maison-de-Ville, les autres apportèrent du bois pour brûler la porte. De sorte que les archers et les gardes du maréchal [de L'Hôpital], ayant été obligés de se retirer, ceux de l'assemblée se cachèrent ou tâchèrent de se sauver comme ils purent au travers de la foule, déguisés en différentes manières : ce qui n'empêcha pas qu'il n'y en eût plusieurs de massacrés, entr'autres les sieurs Le Gras, maître des requêtes, *Ferrand*, de Savari et Le Fèvre, conseillers au Parlement, et Miron, maître des comptes, tous ennemis déclarés du cardinal Mazarin. » Mlle de Montpensier dans ses *Mémoires* (coll. Petitot, 2e série, tome XLI, p. 280), fut témoin de ce massacre : Comme je fus (dit-elle) au bout de la rue de Gesvres, prête à tourner sur le pont de Notre-Dame, nous vîmes rapporter mort M. Ferrand, conseiller au parlement, fort de nos amis ; j'en eus beaucoup de regret.... L'on y tua encore un autre conseiller nommé Miron, fort honnête-homme et fort de nos amis.
Voir dans l'histoire de France de Henri Martin (t. XII, p. 416) le récit émouvant du massacre de l'hôtel de ville dont le sieur de Janvry fut une des victimes. Il en est aussi question dans l'*Histoire des Princes de Condé* par le duc d'Aumale, t. VI, page 225.
(2) Catherine Brochard, fille de Pierre sieur de Marigny et de Beaufort, maître des requêtes.

proche parent et allié à cause de feu demoiselle Louise Thomas, ma femme, fille de feu M. Paul Thomas, sénéchal de robe longue à Montmorillon ».

PIÈCE JUSTIFICATIVE N° 29.

« A très haut, très illustre et puissant Prince James d'Ammilton, Duc de Chastellerault, comte d'Araines, Tuteur unique de la Royne d'Escosse, Gouverneur et seconde personne dudit Royaume, Gaspard d'Auvergne, son très humble advocat au Duché de Chastelleraut, Salut.

Il ne m'a semblé rien plus pertinent, Monseigneur, puisque la nécessité des grands affaires que vous maniez au Royaume d'Escosse, nous tollit le bien de vous voir en ce pays nouvellement vostre (1), que vous tesmoigner par ce petit livre l'affectionnée obéyssance d'un de vos très humbles officiers (2) et sujets, la volonté duquel sera d'autant estimée meilleure, qu'il se met en devoir de complaire avant que d'estre cogneu, et que vostre commandement luy convie. Et encores que ce ne soit point chose bien fort certaine, ceste sorte de présent vous devoir estre agréable, comme à personnage occupé en continuelle expédition des armes : J'ay toutesfois asseuré mon eslection et jugement en cecy, sur la nourriture que vous faites donner en ce pays à Messeigneurs vos enfants ; les quels estans si soigneusement entretenus en l'exercice des bonnes lettres, je n'ay peu penser que vous trouvissiez mauvais en autruy le labeur qui retire à ce, dont vous désirez tant enrichir ceux de vostre illustre sang. Et me mettrois en peine de plus amples excuses pour couvrir ma témérité (si aucune y a), sans la merveilleuse convenance qu'a ce petit œuvre d'estre présenté à vostre grandeur, tant pour le regard de vostre qualité de Prince, dont ce livre prend son tittre, qu'en considérant aussi la hauteur de vostre courage et excellente proüesse ; les quelles vous ayans un coup peu acquérir des sujets en un endroit, où vostre Majesté n'estoit cogneue par la seule renommée, elle donne assez à entendre ce qu'il en faut espérer ès lieux où elles se font cognoistre par leurs vertueux effects. Aussi trouverez vous que le naturel autheur du livre ne traitte d'autre

(1) 1549.
(2) Avocat fiscal du duché de Châtellerault.

propos que d'acquérir et garder le sien : En quoy il constitue entièrement la fin du Prince qu'il nous veut proposer et dépeindre,
n'ayant voulu suivre en cela la traditive de ceux qui ont escrit pa-
ravant luy sur semblable argument, lesquels ont figuré en leurs
escrits je ne sçay quelle perfection de Prince, non imitable à tous
les humains, pour la fragile condition de ceste nature. Où au contraire celui cy a voulu accommoder la forme de ses préceptes seulement à ce qui est sujet à l'expérience et la plus commune mode
de faire, dont les sages Princes ont usé, prétendant, comme j'ay dit,
conserver et augmenter leur domaine : estimant estre chose fort
inepte monstrer un chemin par où l'on ne va point, pour laisser
celuy qui est battu de tout le monde. Et quand tout sera bien examiné, encores que son langage semble estre un peu trop licentieux,
et n'avoir du tout suivi la plus vertueuse voie, pour authoriser en
quelques endroits ce qui a apparence de vice, si n'en a-t-il peu parler
autrement, voulant obéyr au naturel de son sujet, et suivi les fins
qu'il se propose. Car il est bien difficile, si ce n'est une faveur ex-
presse de Dieu, que le Prince puisse se maintenir, et éviter les incon-
véniens où il est sujet, entre tant de puissans et ambitieux voisins,
entre tant de mauvais et infidèles subjects, s'il ne veut jamais las-
cher la bride à la sévérité des règles de conscience. Et telle est la
loy du monde, qui est naturellement vicieux, de n'y pouvoir longuement prospérer, mesmes en ses souveraines dignitez, sans se sçavoir aider au besoin du vice, pour l'occasion cessée retourner
incontinent à la vertu. Ce que nous ont assez donné à entendre les
saincts personnages et gens de Dieu, du temps de la primitive
Eglise, les quels, cognoissans la qualité de ce monde, s'en voulurent
du tout distraire pour mieux satisfaire au devoir de cette intégrité
de vie évangélique, à quoy ils jugeoient la conversation des hommes,
et traitement d'affaires mondaines estre du tout répugnans. Mais
pour autant que ceste opinion de se retirer ainsi de la compagnie
des humains seroit merveilleusement pernicieuse, si elle estoit d'un
chacun suivie en son particulier, il a esté besoin puis que la nécessité
naturelle nous contraint vivre les uns avec les aultres, par une société Politique approuvée des Sainctes Lettres, inventer des loix
pour le gouvernement de ces corps mixtes, des quelles il s'en trouve
presque autant de sortes qu'il y a eu de Royaumes et Communautez,
elles ont pourtant toutes quelque raison fondée sur la semblance de
la loy divine, différentes toutes fois d'icelle en beaucoup de choses ;

et de tant plus elles en approchent, d'autant les voudrois juger parfaite. Car qui pourra mieux donner le moyen pour gouverner les créatures que le Créateur même? lequel, tout ainsi qu'il a réservé à luy ses jugemens, pour le regard de sa souveraineté, comme secrets imperscrutables à ceux de sa facture : semblablement ne faut s'esbahir, si la manière que les Princes, lieutenants de Dieu en ce monde, tiennent à commander aux hommes, n'est le plus souvent entendue de leurs sujets, et semble quelquefois exorbitante des loix communes et ordinaires. De quoy je ne sçaurois rendre autre raison, sinon que je pense estre permis de Dieu quelque cas davantage aux roys, attendu la pesante charge qu'ils ont de régir un corps composé de peuple infiny. A quoy s'accorde fort ce commandement de l'Apostre, disant : Que nous ne laissions d'obéir à nos princes, encore qu'ils ayent apparence d'estre mauvais et iniques. Dont il se pourroit paisiblement inférer, qu'il est parfois loisible à nos monarques extravaguer, selon les affaires, hors les bornes de la vertu, pour se faire raison de ce meschant et corrompu monde qui leur est sujet, et le faisant, leur puissance ne laisse point pourtant d'estre approuvée de Dieu. Qui est un paradoxe tant examiné et discouru par nostre autheur, et toutes fois si mal sonnant de première abordée, que j'ay estimé nécessaire user de ceste préface, pour rendre vostre Majesté moins offensée à l'encontre de ce creux et nouveau discours; la lecture duquel j'espère néantmoins vous devoir estre plaisante, tant pour sa mode de procéder par cy devant non usitée d'autre semblable escrivain, que pour estre enseignemens entièrement accomodables au temps présent, en descouvrant les tromperies et meschancetés des hommes. Et outre tout cela, je me suis bien osé asseurer que la traduction que j'en ay faicte d'Italien en François, vous en sera plus agréable, la prenant comme un fruict venu et sorty d'un lieu approprié pour vostre service (1), et où vous trouverez toute ma vie autant d'obéissance naturelle, qu'à l'endroit des personnes qui la vous doivent de leur naissance.

(*Le Prince de Nicolas Machiavel, Secrétaire et Citoyen de Florence, traduit d'Italien en François.*)

Laus supra Regna.
M. DCXIII (2).

(1) La traduction du prince a été écrite à Châtellerault.
(2) Bibl. de M. Arthur Labbé, de Châtellerault.

PIÈCE JUSTIFICATIVE N° 30

« 25 juin 1583. — Copie non signée d'une sentence rendue en la sénéchaussée de Châtellerault, entre M° François d'Allogny, chevalier, seigneur, de la Groye (1) et de Chesne (2), qui condamne Perrette Dupuy, veuve de feu M° Gaspard d'Auvergne, vivant lieutenant particulier et assesseur en la cour de céans, deffenderesse, à payer aud. demandeur les arrérages de quatre derniers de cens et rente noble féodale et foncière, arrérages de quinze années à lui dus comme seigneur du fief de Chesne, à cause et pour raison d'une ancienne et vieille maison en la quelle il y a eu ci devant une roche sise en lad. ville de Châtellerault, étant des aisances de la maison où se tient, et où il y a de présent un colombier joignant lad. vieille maison, par le devant aux galeries, cour et aisances de la maison de lad. Dupuy et par le derrière à la maison, cour et aisances de maistre Simon Lucas, avocat aud. Châtellerault, sieur de la Croix Boulard et par deux costés aux estables, cour et aisances de dame Claude Ferrand, dame Des Cartes, et aux estables de la maison de demoiselle Andrée Thomas, femme de M° Jean Lebeau, sénéchal de Montmorillon, une ruelle par la quelle l'on va auxd. estables entre deux, et par l'autre côté aux murailles de la ville, une petite ruette aussy entre deux, en laquelle maison y a cave, cellier, estable, fenis et autres aisances, tenues et mouvantes dud. fief de Chesne au devoir desd. quatre deniers à la charge par lad. deffenderesse de le servir et continuer à l'avenir rendu en la maison de dame Marthe Rasseteau, dud. Châtellerault. »

(*Arch. Vienne*, Inventaire des titres du fief de Chesne. Reg. 53. 1757).

PIÈCE JUSTIFICATIVE N° 31

« 29 mai 1584. — Déclaration rendue à la seigneurie de Chesne par Léonard Thomas, conseiller du roy et cidevant procureur géné-

---

(1) Château en ruines et ferme, commune d'Ingrande. Ancien fief relevant du duché de Châtellerault; érigé en marquisat en janvier 1661, avec les fiefs de Marigny, Ingrandes, *Chêne*, la Borde, Oiré, le Pin, Argenson et Ferrière, en faveur de Louis d'Allogny, chevalier, seigneur de la Groye (*Dict. top.* de Redet).

(2) Château en ruines et ferme, commune d'Ingrande.

ral pour sa majesté au parlement de Dijon, tant en son nom que comme donataire des meubles et acquêts immeubles de défunte damoiselle Jeanne Rasseteau, vivante femme de Jean Terrasse, vivant sommelier du roy, et Jeanne Terrasse, vivante sa femme, et aussi comme père et légitime administrateur de Jeanne Thomas, sa fille et de lad. feue Terrasse, sa femme, c'est assavoir une maison sise en la ville de Châtellerault, paroisse de Saint Jean Baptiste dud. lieu avec les appartenances et dépendances, la quelle est tenante d'une part à la maison du feu sieur Des Cartes et dame Claude Ferrand, sa veuve, d'autre part à la maison et jeu de paume appartenant à jean Tongrelou et par le devant à la Grande rue tendante de la Porte Sainte Catherine aux Petits bancs dud. Châtellerault, et par le derrière à la maison de Me Simon Lucas, sieur de la Croix Boulard, tenue et mouvante de la seigneurie de Chesne au devoir de six deniers..... »

(*Arch. Vienne*—Inventaires des titres du fief de Chêne. Rég. 53).

PIÈCE JUSTIFICATIVE No 32.

Extraits du registre paroissial d'un vicaire de l'église de Saint-Jean-Baptiste de Châtellerault, Pierre Aimeteau (1).

(1540-1553.)

1540.

15 février. — Obit un petit corset (2), fils de Jehan Gerbault, chappelier, et de Radegonde Ribatée.

A la suite sans date :

Obit de Jehan le filleur.

L'Obit d'un petit garson de cheulx Pierre l'imager.

L'Obit d'un petit garson de cheulx Messire Francoys de May.

23 février. — MM. Jehan Guet, Laurens Guillaud, Pierre Aimeteau, prestres, vicaires de l'église parrochiale Mr Sainct Jehan Baptiste de Chastellerault (3), congnoissons et confessons avoir eu et

(1) En 1572, Pierre Aimeteau était encore vicaire, semi-curé de Saint-Jean-Baptiste, puis il en devint curé de 1580 en 1584 (*Arch. Vienne*. G. liasse 21).

(2) Corps d'enfant.

(3) Les registres paroissiaux tenus par les vicaires Jehan Guet et Laurens Guillaud, n'auraient pas été conservés. — Ils devaient être non moins intéressants que celui de Pierre Aimeteau, dont ils auraient été le complément naturel.

repceu la somme de six livres de Jehan Loriot, le jeune, deuz à lad. cure par chacun an en chascune feste de Sainct Pierre, 22e jour de febvrier, à cause de l'anniversayre fondé par feu honorable personne Mre Jehan Pénissault, en son vivant curé de Sainct Jehan l'Evangéliste de Chastceauneuf et chanoine de N. D. dud. Chastelle-rault, tant pour luy que pour ses feus père et mère, parens et amys trespassez.

26 juin. — Naquit Hilayre Bonnanfans, à quatre heures du soyr, fils de Pierre Bonnanfans et de Marthe Bodin, sa femme, et feut repceu par Clere, la sage femme et batisé par Messire Pierre Aimeteau, en l'église Mr Sainct Jehan Baptiste de Chastelleraud, vicaire dud. lieu et furent les parrains et merraines Mre Françoys de la Vau, Nicollas Boudorre, Prégente Brochard.

29 juin. — Naquit Loÿse Habert, à huit heures du matin, fille de Estienne Habert et de Emere Taistelard et feut repceue par la Bernaucelle, sage femme, et feut baptisée en l'église Mr Sainct Jehan Baptiste de Chastellerault par Messire Pierre Aimeteau, vicaire dud. lieu, et feut son perrain Mre Loys Palineau et ses merraines Charlote Symonneau et Marguerite Taistelard.

1541.

12 février. — Fut enterré un petit corpset de cheulx maistre Jehan Ferrand, médecin, et nous est dû III s. III d. pour le droit de sépulture et II s. VI d. pour la petite letanie.

24 février. — Fut enterré un petit corpset de cheux messire Martin Repuesset que on dit qui en estoit la fille et nous est deu III s. IV d. pour le droit de sépulture.

10 mars. — Moy, messire Pierre Aimeteau, je fiancy Charlote Girard, fille de Pierre Girard et de Françoise Ferrant, sa femme, avec Jehan Petit heulier, demorant en la paroisse Sainct Jacques, qui fut ung jeudy au soyr, en présence de Me Jehan Ferrand, Flourent le Gay et ès présence de ses père et mère et présens deux notaires, est assavoir Me Emare Pigeon et Me Gilles Groteau, les queulx passerent le contrat de mariage et présens plusieurs autres.

24 avril. — Les espousailles de Charlote Girard, fille de Pierre Girard et de Françoise Ferrant, furent faictes par moy Pierre Aimeteau, vicaire de Saint Jehan.

2 mai. — Obit la quisinière la quelle se tenoit à Monmorillon (1),

---

(1) Rue de Châtellerault ainsi appelée, comprise dans le territoire dit « Le

et fut enterrée au cymetière estant près les Minimes et du Petit Pont, près la grand croy de pierre ....

13 juin. — Obit la femme de honneste personne Françoys Baudy et fut enterrée en la chappelle des Bounaux et l'obsèque fut solannellement faict et un service, savoir : vigilles, troys grandes messes avec chappes, dyachres et soubsdyachres et la grande letanie avec aultres suffrages accoutumés, et fut mise en unction.

20 juin. — Obit messire Jehan Bodin l'aîné, prestre, qui fut un mecredy, environ V heures du soir, et estoyt le jour et feste de Madame Saincte Marguerite et fut enterré le lendemain en l'église près l'autel Sainct Francoys, Saincte Néomaye, Sainct Laurent, Sainct Michel ....

24 juin. — Le jor et feste de la Nativité Monsieur Sainct Jehan Baptiste qui fut le 24e jor de juing 1541, fut repceu en l'église M. Sainct Jehan Baptiste de Chastelleraud, tant en évangilles que en offertes en argent sans les chandelles, XVI livres V s. t. qui furent partys entre nous vicayres, savoir est : Laurens Guillaud, Jehan Guet, Pierre Aimeteau. Le 26e jour du moys de juing, présent Etempe et sa femme et en la maison dud. Etempe avec aultre argent, le quel avoyt été repceu par avant des offertes et oblations et des droys de sépulture par Jehan Guet et Laurens Guillaud, reste V s. que led. Guillaud avoit repceu des offertes de baptistère, sçavoir est : II s. de cheulz Simon de Lavau et III s. de cheulz Mathieu Duboys dont m'en est deu XV deniers pour ma part et un teston qu'il me bailla pour X s. VIII d., le quel ne valloyt que VIII s. et estoit légier de IV grains, et quatre soulz de Pasques dernières passées que j'avoys trop avancé pour le diné dud. jour de Pasques qui feut cheulz led. Guillaud.

1542.

27 janvier. — Obit un petit corpset de cheulx Jacques le chappelier, demeurant en la rue de Monmorillon, près la maison Michel Royffé, qui fut à messire Françoys Gallipeau...

31 janvier. — Un mardi, fut épousé Pierre Catillon avec Jehanne de la Vau, fille de messire Françoys de la Vau, par moy messire Pierre Aimeteau, vicaire de l'église de Sainct Jehan Baptiste de Châ-

champ de Montmorillon », lequel était situé entre la rivière et la Grand'rue et s'étendait du collège et de l'ancienne sous-préfecture à l'hôpital.

tellerault, et furent espousés à l'ecclise de Nostre Dame de Poustumé...

28 mars. — Obit et fut enterré Maude, masson, demourant aus fauboucs saincte Caterine sur les pavez, près Sainct Blays, et mourut par force quar il fut blessé près Auson d'un couteau et ne malada que vingt quatre heures après qu'il fut blessé et ordonna X messes pour le repos de son asme, V le jour de son obit et V au bout de l'an et ordonna les dictes messes sur sa maison et furent dictes vigiles et la grande letanye et tout solennellement et nous sont dûs le droy de sépulture qui se monte à XIX s. IIII d., et resut Dieu et fut administré et anterré solennellement.

20 avril. — Nous, Jehan Guet, prestre, Aimeteau., prestre, vicaires de Mr sainct Jehan Baptiste de Chastelleraud, confessons avoir eu et receu de Jahan Huet la somme de trente solz tournoys deus pour chascun an en lad. cure en chascune feste de N. D. de Marc à cause du Salut dit pour chascune feste annuelle, dymanche feste de N. D. en lad. église, fondée par Jehan Huet.

23 avril. — Nous, Jehan Guet, Pierre Aimeteau, prestres, vicaires de Sainct Jehan Baptiste de Chastelleraud, confessons avoir eu et repceu de maistre Michel Bodin, la somme de seize sols quatre deniers t. deuz pour chacun an à lad. cure Saint Jehan Baptiste en chascune feste de N. D. en mars, à cause de l'anniversaire de feu Claude Le Grand...

5 juin. — Le 5e jour de juing 1542, le lendemain de la feste de la Trinité, obit un petit corpset de cheulx Jehan Regnauld, gendre de M. l'Esleu, maistre Jehan Lucas, et fut enterré en l'église Sainct Jehan Baptiste en la chapelle de MM. Le Hautboys et Guillars et fut dite grand messe et petite létanie.

3 septembre. — Obit noble homme messire Françoys Rolant, fils de feu messire René Rolant, docteur en médecine, et fut enterré honorablement en la Chapelle du sépulchre et fut dit vigilles... et fut enterré le lendemain qui fut un lundi et fallut avoir son cadavre de Monr le Vice gerans parce qu'il n'avoit esté confessé et nous sont dûs les droits funéraulx...

20 septembre. — Le marché de la cure de mon maistre, messire Guy Lucas, fut passé entre luy et moy par Me Gilles Groteau et Me Michel Royffé, notaires, pour trois années entières et consécutives commençant led. bail le premier jor de novembre ensuivant et fut

passé led. marché cheulx Jacques Lucas, en la chambre hault, présens luy et ses frères.

25 septembre. — Je, Pierre Aimeteau, prestre, vicaire de l'une
des semycures de l'église Monsr Sainct Jehan Baptiste de Chastelleraud, confesse avoir eu et receu de honneste personne Jehan Boyssière, frutier de la Royne, la somme de trente solz de rente foncière
payable à deux termes par moictié ès festes de Nativité mons^r Sainct
Jehan Baptiste et Nostre Seigneur, sçavoir est : quinze sols t. es-
cheus dud. terme de Nativité Sainct Jehan Baptiste et les aultres
quinze solz à eschoir au terme de Nativité de Nostre Seigneur présentement venans dont je en quicte led. Boyssière et promect, faire
tenir quicte envers et contre tous, jusques a lad. feste de Nativité
Sainct Jehan Baptiste prochainement venant, lad. rente deue à la cure
à cause d'un jardrin assis à Tabarie ; en tesmoing de ce, j'ay signé
ceste présente de mon seing manuel et faict signer à ma requeste
au notaire royal soubscript, le 25e jour de septembre, l'an 1542.
Michel Royffé, Pierre Aimeteau, p^{tre} vicaire.

2 octobre. — Un lundi. 2e jour d'octobre 1542 espousa Radegonde
Boutin, fille de Jehan Boutin avec Jehan Badory, *aliàs* Maronne, et
fut espousé par messire Jacques Jarlodeau, vicayre à Leigné les
Boys, et nous est deu la proclamation des bancs.

3 octobre. — Un mardy, 3e jour d'octobre 1542, je prestis XVI soubz
à messire Jehan Guet, présent Jehan Rat, cheulx moy à ma table.

Même date. — Jehan Guillaud, seigneur des Troys Roys.

6 octobre. — Quittance aux Jouzeaux de Bouteille (1).

Même date. — Quittance aux Moricet d'Availles.

id. — Quittance à la veuve Mathurin Gauvain.

10 octobre. — Quittance à Jehan Enard.

13 octobre. — Obit d'une petite fille de cheulx Royer, demeurant
sur le pavé, devant sainct Blaise aux faubourcs Saincte Catherine.

13 novembre. — Reçu donné à maistre Gilles Dorin, sieur de
Rigny et chanoine de N. D. de Chastelleraud... à cause d'un jardrin
qui est auprès de la fontaine de Picfol.

Même date. — Reçu donné aux héritiers de feu noble homme
messire Gilles Lucas...

23 novembre et 5 décembre. — Me Aymé Rasseteau et Jean Fer-

---

(1) Commune d'Ingrande.

reau, procureurs de la fabrique de l'église de Saint Jean Baptiste de Chastelleraud.

29 décembre. — Marion Dupond, *alias* Brigandinière, mère de M° Jehan Ferrand, médecin, obit un vendredy au soyr, entre sept et huit heures du soyr, jour et feste de Mons' Sainct Thomas, martir et évesque après la feste de Nouel et fut le 29° jour de décembre 1542, et mourut en sa chèzo auprès du feu.

1543.

17 janvier. — Un mercredy au soyr, entre unze et douze heures, jour de Mgr sainct Anthoine, 17° jour de janvier, obit Feuripes (?) Arreauld, femme de Jacques Lucas et fut enterrée solanellement à l'église M' sainct Jehan Baptiste de Chastelleraud en la chapelle des Haultboys, à droyt le vitral, qui fut le lendemain.....

27 janvier. — Obit la femme de feu Jehan Trouvé et feut mise en extrême unction et enterrée solanellement auprès de la vitre de la Chapelle des Fons par le dehors et fut dit vigilles, grande letanie et aultres suffrages.

7 février. — Premier jour de caresme obit une pauvre femme, belle mère d'un texier, demeurant aux faubourcs de Sainte Quaterine (*sic*) davant le jardin de M. le procureur du roi.

10 février. — Jahan Deringère, boucher de la paroisse de Saint Jean l'Évangéliste de Chateauneuf.... à cause d'une maison et jardrin tenant ensemble, sis en la susdite paroisse, tenant en la maison de la Gernacque.

25 février. — Reçu de honorable homme Jehan Loriot le jeune.... à cause de vénérable personne M° Jehan Penissault en son vivant curé de Chateauneuf et chanoine de N. D de Châtellerault.... (services religieux).

26 février. — Nous, Jehan Guet, Pierre Aimeteau, prestres, vicaires de Sainct Jehan Baptiste de Chastelleraud, confessons avoir reçeu de la veuve feu M° Pierre Angelard. . . . .

En marge on lit : Langelarde.

2 avril. S'ensuivent les noms et surnoms des prestres et chapellains ordonnés par vénérables personnes Messires Jehan Guet et Pierre Aimeteau, prestres, vicaires de la présente ecclise, Mgr Sainct Jehan Baptiste de Chastelleraud, pour confesser les parochiens de lad. ecclise à commancer à ce jourd'huy second jour d'apvril jour des Rameaux et pour toute la sepmaine et le jour de Pasques inclusivement pour l'année présente, et premièrement :

- Jehan Guet,
- P. Aimeteau,
- J. Gaudin,
- Pierre Martin,
- M. Renousset,
- M. Jehan Regnault,
- J. Guilloteau,
- M. C. Bussereau,
- M. F. Demay,
- M. Laurens Rasseteau,
- M. M. Benoist,
- M. J. Girard,
- M. R. Galipeau,
- M. J. Bodin,
- M. A. Moreau,
- M. Bernardin Pastoureau,
- M. Pierre Gebouin,
- M. Pierre Arrouault,
- M. L. Girard, et non aultres.

13 mai. — Obit Françoyse Creuzenot, fille de Me Françoys Creuzenot et femme de Me Michel Royffé, et fut enterrée led. soyr en l'église de Mgr Sainct Jehan en entrant dans la chapelle de Sainte Caterine....

14 mai. — Obit un petit corset de cheulx Joachim Garnier et fut dit grand messe par messire Laurens Rasseteau et petite letanie et led. Garnier paya led. Rasseteau de sa messe et bailla à mon compaignon deux solz en déduysant sur les droits funéraulx et furent partis et resté enquores III s. VI d. t.

17 juin. — Messire Ollivier Papillaud, prestre de la paroisse de Coussay les Bois, dit et célébra sa première messe au grand autel de Sainct Jehan..... et fut le dyner à l'Ymage de Sainct Jehan, du consentement de messires Jehan Guet et Pierre Aimeteau, vicaires pour lors.

31 juillet. — Obit la sœur de Jehan Dumas et fut enterrée solanellement et, en son vivant, administrée des sacremens de saincte église comme du corps de nostre Seigneur extrême onction, et à son enterrement fut dit vigilles, grand messe de requiem par J. Guet, vicaire, grande letanie et aultres suffrages accoustumez et fut enterrée au petit symetière près le vitrail de la chapelle de M. de La Mothe.....

10 août. — Obit Jacques De Fougières, sieur de Haultmont (1).

12 décembre. — Obit Perrine Des Roches la quelle en sa maladie fut administrée des sacremens de saincte église comme du précieux corps de Jesus Christ, extrême onction et des aultres, comme il appartient à une bonne chrestienne et fut enterrée au petit ballet de l'église Sainct Jean Baptiste vers le Petit Pont.....

15 décembre. — Obit la sœur de Anne Baronne, la quelle en sa maladie fut administrée de tous les sacremens..... et fut enterrée au petit cymetière, derrière la chapelle de feu Mᵉ Charles De la Mothe...

Décembre. — Obit un petit fils ou fille de cheulx le gendre de Bertrand Gallipeau, le quel est texier en lene et est nommé en son surnom le Roy.....

1544.

3 janvier. — Obit la mère de Jehan de la Brosse, sœur de M. l'Eslu, Mᵉ Jehan Lucas, l'aisné..... et fut enterrée en l'église devant l'autel de N. D.

21 janvier. — Un lundy, jour de Saincte Agnès, 21ᵉ jour de janvier, fust espousé Mᵉ Michel Roiffé avec Loyse Fourreau, fille de Jehan Fourreau, et Andrée Melot, sa femme..... à 4 heures du matin dud. jour.

23 janvier. — Obit une bonne vieille qui avoit mal à la main et avoit nom la Robinete et demeuroit sur les pavez cheulx la femme de feu Gabriel le manœuvre qui se tua en besognant et servant les massons.

24 janvier. — Obit Marie Lucas, femme de Guillaume Levesque et fille de M. l'Eslu, Mᵉ Jehan Lucas, et mourut d'enfant et fut enterrée en l'église Mgr Sainct Jehan Baptiste de Chastelleraud en la chapelle des Guillars et Haultboys....

3 février. — Fut espousé David Prieur avec Catherine Rivière, fille de feu Mᵉ Laurens Rivière.....

26 février. — Reçu donné à honorable homme Jehan Loriot, seigneur du Chapeau Rouge, pour services religieux.....

1544.

1ᵉʳ avril. — Un dimanche, ... furent espousez Anthoine De la

(1) Hault-Mont, commune d'Usseau, ancien fief relevant de Remeneuil.

Croix et Charlotte Girard, fille de Pierre Girard, forbisseur et Françoise Ferrant sa femme en l'église Sainct Jehan Baptiste ......

Même date. — Quittance délivrée pour une somme reçue des
hoirs de feu noble femme Catherine Jurée, en son vivant dame de
la Croix Boullard et par les mains de noble homme maistre Symon
Lucas, sieur de la Croix Boullard, son fils .... services religieux.

6 avril. — Quittance à Thomas Berton, procureur de la noble
confrairie de la Trinité .....

9 septembre. — Enterré un petit corset de cheux Mʳ de Lesmé
..... (1).

6 octobre. — Fut espousé Hilairet Quenault, fils de M. Quenault,
couturier, avec Marie fille de noble homme Régné de Villiers, escuier, seigneur de Lardoyse, paroissien de Anthogné le Tillard (2)
et furent espousez à Lardoyse en une petite chapelle qui y est.......

14 octobre. — Uu mardi matin, environ huyt heures, quatorziesme jour de octobre 1544, obit Prégente Brochard (3) en son vivant dame de Lesmé, et mourut seubitement sans estre confessée
et ne feut enterrée jusque au lendemain et feut veillée toute la
nuyt par moy Pierre Aimeteau, vicaire, André Moreau, deux Cordeliers et deux Minimes; le vice gérens dit la messe de Requiem
et fit l'obsèque, et fut enterrée à couté de l'autel de Sainct Estienne
devers le mitan de l'église, auprès d'une petite tombe ronde.

13 novembre. — Je, Pierre Aimeteau, vicaire de l'une des semycures de l'église monsieur Sainct Jehan Baptiste de Chastelleraud,
appartenant à messire Guy Lucas, congnoys et confesse avoir eu et
receu de honorable homme maistre Jehan Ferrand, docteur en médecine ordinaire de la Royne, et Mᶜ Aymé Rasteau, concillier du
Roy nostre syre au siège royal du duché de Chastelleraud, la somme
de soixante sept solz six deniers t. par les mains de sire Jehan Ferreau, marchand, pour ma part et portion du salaire et paiement
du luminaire et offerte de troys services généraulx faictz en ladicte
dud. Sainct Jehan Baptiste, le tout honorablement, pour l'asme de
feue et honorable femme Prégente Brochard, en son vivant dame
de Lesmé et mère dud. Rasteau et de Louyse Rasteau, femme dud.

(1) *Laimé*, commune d'Antran.
(2) *Antogny-le-Tillac* (Indre-et-Loire).
(3) Femme de Pierre Rasseteau, mère d'Aimé et de Louise Rasseteau, cette
dernière mariée à Jean Ferrand, docteur médecin à Châtellerault. Une de ses
cinq filles, Claude, épousa en 1543 le médecin châtelleraudais Pierre Descartes,
mort en 1566.

Ferrand, de la quelle somme de LX sept soulz VI d. t. moictié dud.
paiement et salaire susdits, je tiens quicte les dessus dits et tous
aultres par ceste présente quictance signée de mon seing le treziesme
jour de novembre l'an 1544.

En marge on lit : Quictance pour Mᵉ Jehan Ferrand et Mᵉ Aymé
Rasteau pour feu madame de Lesmé, leur mère.

1545.

25 février. — Quittance délivrée à honorable homme Jehan Loriot le jeune, sieur du Chappeau Rouge .... à cause de l'anniversaire fondé par feu vénérable personne maistre Jehan Penissault, en
son vivant aulmonier de la Royne, chanoine de N. D. de ceste ville
et curé de Chasteauneuf en lad. église de Sainct Jehan Baptiste.

19 avril. — Obit Jehan Lucas, fils de sire Jacques Lucas et fut
dit grande messe par Laurens Rasseteau.

2 juin. — Obit de Claude Briaud, fille de Briaud, lieutenant des
prévôts des Maréchaux.

1546.

21 mars. — Obit Nicolas Turquant dit Mornay et fut tué entrecy
et la Tour d'Oyré par les garnisons qu'on vouloit asseoir en ceste
ville (1), ainsy qu'on dit, en la compaignie de Regné Gaudeau et
Mathurin Badoré et fut enterré en l'église Mʳ St Jacques, en la chapelle des Turquant.

27 juin. — Obit un dimanche au soir, entre quatre et cinq heures,
dud. jour messire Anthoine Du Puy, chanoine de N. D. de ceste
ville de Chastelleraud, le quel avoit aultrefoys esté secrétaire de
l'archevesque de Rouen.

Après le 27 juin. — Cent dix sols deuz aux curés de Sainct Jehan
Baptiste à cause d'une maison assize au carroy de la Barre, paroisse de Sainct Jacques, tenant d'une part à la maison de Marguerite Regrettier, vefve de feu Cailloteau et maistre Bertrand De la

---

(1) En 1546, François Iᵉʳ avait exempté les habitants de Poitiers du logement des troupes, quoique aux termes des ordonnances les gens d'armes
dussent tenir garnison dans les villes closes du royaume. Châtellerault ne
jouissait pas évidemment de la même faveur, et c'est à cette circonstance que
le manuscrit de Pierre Aimeteau fait allusion en signalant les excès commis
aux environs de Châtellerault par une soldatesque pillarde et indisciplinée.
Le duché avait été réuni à la couronne après la mort de Charles de France,
duc d'Orléans, d'Angoulême et de Châtellerault.

Roche, d'autre à la maison de la vefve feu Micheau Régnault, faisant le coin dud. carroy de la Barre, vers l'église de Sainct Jacques qui autrefois fut à Jehan Potier, marchant.

6 octobre. — Obit Me Berthelemy De la Vau, fermier du greffe de cette ville, et fut enterré en l'église Monsieur Sainct Jehan Baptiste de Chastelleraud, près la porte de la chapelle des Fons, dessous l'image de N. D. de Recouvrance.

1547.

29 mars. — Obit Me Symon Daux (ou plutôt Davy) et fut enterré en la chapelle des Fons.

2 avril. — Obit Anne de Rigny, femme de Mr François Creuzenot.

13 septembre. — Mariage de noble homme Maistre Jacques De la Lande, seigneur de Moulins, notaire et secrétaire du roi avec demoiselle Julie, fille de feu noble homme Mre Charles De la Mothe docteur ès droicts, conseiller du roi et lieutenant particulier au duché de Chastelleraud.

Octobre. — Quittance délivrée aux hoirs de feu noble homme Me Guillaume Lucas, en son vivant sieur de la Croix Boullart.

30 novembre. — Obit de Estienne Creuzé, tailleur .... et fut enterré en la petite chapelle, près l'église.

28 décembre. — Laurens Rasseteau, prêtre, prend possession de la cure de Sainct Jean Baptiste vaquée par le décès de feu Mre Pierre Piard, et furent les notaires J. Massonneau, monsieur de Saint Remy et les présans Mres Pierre Aimeteau et Jehan Desmons, *aliàs* Etampes.

1548.

6 janvier. — Obit Me Jehan Le Grand, avocat à Chastelleraud, seigneur de Londière (1), paroisse de Saint Jacques de la susdicte ville. Le corps fut conduit processionnellement aux Cordeliers où il fut enterré.

22 janvier. — Obit Anne Fuzelier, mère de maistre Jehan Terrasse, sommelier.

Même date. — Mariage de François De La Vau avec Regnée Brunet, à l'église de Sainct Romain.

(1) Commune de Chenevelles.

21 Août. — Un mardi matin, vingt et uniesme jour d'aoust, obit maistre François De La Vau, père de Mr Symon De La Vau et mourut aux champs en sa métérie, en la paroisse de Remeneuil, et fut enterré en l'église de Usseau près ses encestres, aincy que il avoit ordonné par son testament.

1549.

5 janvier. — Fiançailles du frère à la femme de Me Symon de La Vau avec Radegonde Huet, fille de feu Estienne Huet et Renée Phillebert, sa femme, on la chambre basse de feu Estienne Huet, présent Renée Phillebert, mère delad. Radegonde Huet, présent Jehan Huet, frère delad. Radegonde, et Magdeleine Huet, sœur delad. Radegonde, et présent Me Jehan Mitault, advocat et licencié ès loys.

12 juillet. — Obit de Me Regné De La Roche.

11 août. — Messire Charles Briaud célébra sa première messe au grand autel de l'église S. Jehan Baptiste de Chastelleraud et la célébra basse; et pour lui aider s'est joint messire Jehan Huet et messire Pierre Aimeteau, vicaire, pour lors et après donna à dîner quasi à tous les prestres de la paroisse et aux procureurs et boictiers.

7 septembre. — Obit messire Geoffroy Pastoureau, lieutenant du siège royal de Châtellerault (1) et fut enterré à Saint Romain devant l'autel de Notre Dame.

15 septembre. — Obit de Jehan Brochard, sergent royal, et fut enterré devant la grande porte des Minimes.

23 septembre. — Obit Me François Creuzenot, licencié ès loys, advocat à Chastellerault, sieur de la Ferrandière, et fut enterré en l'église, à l'entrée de la chapelle de Sainte Catherine.

9 octobre. — Messe pour l'âme de feu noble homme messire Geoffroy Pastoureau, en son vivant lieutenant général de Châtellerault.

18 octobre. — Obit d'un petit corset de chez le serviteur Monsr le sommelier Terrasse.

20 octobre. — fut espousé messire Bertrand De la Roche avec Ozanne Penin en l'église Saint Jean Baptiste de Châtellerault, à trois heures du matin.

1550.

16 février. — Un dimanche, seziesme jour de février, jour de

(1) Il y avait cette charge dès 1544.

dimanche gras fut espousé Me Gilles Nau avec Françoyse Cherbonnier, fille de Berthelemy Cherbonnier.

28 février. — Un vendredy, à neuf heures du matin, trespassa Martine de Nouveau, femme de maistre Joachim Lange, assesseur au duché De Chastelleraud, et fut enterrée le lendemain au couvent des Minimes davant l'autel de Saint Roch, 1er jour de mars 1550.

En marge : l'obit de madame l'accesseresse.

3 mars. — Un lundy 3me jour de mars nous, Jehan Guet et Pierre Aimeteau, prestres, vicaires de l'église monsr Sainct Jehan Baptiste de Chastelleraud, avons loué à messire Denys Amiet, prestre, un petit jardin estant assis à Tabarie, touchant le jardin de madame de Leigné les Boys et celuy de la dame Marcadet et d'autre où passait le ruisseau de Tabarie, la somme de quinze soulz tournoys par chescun an payable au terme de Saint Michel.

19 juillet. — Un samedy matin, entre trois et quatre heures, fut espousé Me Jacques Le Gay, médecin, avec Claude Fuzelier en l'églyse de Sainct Romain et furent espousez et amessez par Mre Anthoine Le Poix, doyen et chanoine de N.-D. de Chastelleraud, oncle dud. Le Gay.

28 septembre. — Obit messire Françoys Barreau, prestre, curé de N. D. de Chastelleraud, qui mourut à deux heures après midy subitement sans parler à cause de la fumée du vin nouveau qui brusloit en un tonneau avec la rape, ce qui l'estouffa et quasi plusieurs autres qui y estoient en lad. grange.

10 novembre. — Led. jour obit messire Loys Garnier, prestre, et fut enterré à Nostre Dame en la nef sous les orgues et l'avoyt ordonné par son testament, combien qu'il fut nostre paroissien...

10 novembre. — Obit Jehan Dupuy, fils de M. l'advocat du roy(1), et fut enterré en l'esglyse Sainct Jehan Baptiste de Chastelleraud, en la chapelle des Guillars, près le vitral.

8 décembre. — Le lundy 8me jour de décembre 1550, jour et feste de N. D. de Conception, je fus vollé, desrobé et crocheté mon coffre en ma chambre avec dagues et aultres instrumens de fer et emportèrent tout mon or et argent et une obligation de cens solz estans en un moutardier de boys de Sainct Maixent qui estoit desfoncé par en haut.

31 décembre. — Obit Pierre Turquant, marchand de draps, et fut

_____

(1) Louis Dupuy, licencié ès lois, juge ordinaire de Châtellerault, 1499-1527 (*Lalanne*, t. II, p. 413).

enterré le lendemain, premier jour de l'an, et y furent toutes les processions de la ville et les chanoynes.

1551.

9 janvier. — Le vendredy, à 5 heures du soir, obit M⁰ Joachim Lesné, licencié ès loys et advocat au siège royal de Chastelleraud, et fut enterré le samedy qui fut le lendemain avec chappes et sous dyacres, grande letanie et le tout solennellement et fut enterré en l'église en la chapelle de Saincte Catherine, en la fosse de sa feue femme.

19 janvier. — Le 19ᵐᵉ jour de janvier, qui fut un lundy, espousa Laurens Rossignol le jeune avec Marthe Leysonne et furent espousez à N. D. par messire Laurens Rasseteau, curé de lad. église.

1ᵉʳ mars. — Le mardy 1ᵉʳ jour du moys de mars, obit la bonne femme la Duguée qui se tenoit en la tourelle près la porte Saincte Catherine. Elle estoit tante à Loys Testelard, bonnetier.

1ᵉʳ juin. — Obit Bastien Chevallier, et est enterré aux Cordeliers en my les cloistres.

1ᵉʳ août. — Obit messire Anthoine Gouauld, prestre edomadier de l'églize collégiale Nostre Dame de Chastellerauld, qui fut un samedi et fut enterré en l'église Saint Jehan Baptiste près la grande porte en allant à la chapelle des Fons et mourut sans faire testament; les droitz funéraulx sont deuz. Le jour de son obit, les prestres de lad. église dirent tous messe et ne fut dit que une grand messe de requiem par J. Guet, vicaire de lad. eglize.

20 août. — Obit Jacques Canche, marchant, demeurant au logys de feue Catherine Jurée, qui est de présent à M. du Perat et led. Canche estoyt gendre de Frapier, marchant, et fut enterré devant l'autel de Saint Michel le vieulx en l'église Sainct Jehan Baptiste.

29 août. — Obit un petit corset de cheulx Denys Habert, homme de bras, demeurant au Petit Pont, chez M. de Chasteauneuf, et bailla deux solz et promit bailler enquore un douzain en brief.

29 août. — Obit un petit corset de cheulx Regné le Souldre, demeurant chez Thorigné, derrière l'église Sainct Jehan, sur la douve. . . . .

30 août. — Obit M⁰ Michel Cornu, vice gérens de l'archiprestré de Châtellerault, à 7 heures du matin, et fut enterré en l'église Sainct Jehan Baptiste, davant son austel. Debet les droits funéraulx et

promys pour l'offerte par Mᵉˢ Michel Bodin et Françoys Moquet dix
sols pour chaque offerte.

31 août. — Obit messire Jehan Guet, vicaire de l'église Sainct Jehan
Baptiste de Chastelleraud, soubs messire Antoyne Le Poix, curé de
lad. église (1), et est enterré en la petite chapelle hors l'église en
entrant en icelle.

4 septembre. — Obit d'un enfant en l'éage de 4 ans de cheulx
Laurens Rocignol et fut vigilles grande messe de requiem par messire Laurens Rasseteau et grande letanie et y eut six ciratons pour
le luminaire que messire Bernardin (2) mit en son coffre avec les
chandelles de la letanie.

6 septembre. — Obit Jehanne Cherpentière, dite Piébot, cousine
à Perrine Frappière, qui aloyt devider du fillet par les maisons.

9 septembre. — Obit le receveur de M. De Villars, seigneur du
Grand Pressigné (Pressigny) qui estoit logé cheulx Denys Boislagon
à l'enseigne de Saincte Catherine, aux faulbourcs dud. Chastelleraud,
et mourut de la gravelle et fut ouvert après sa mort par les barbiers
et est enterré en l'église sainct Jehan Baptiste près le..... Le lendemain fut faict service pour lui par tous les chapelains de lad. église,
crois, grandes messes avec chappes, dyacres et soubs dyacres et fut
payé aux fabriqueurs 22 solz t. pour le droyt de la terre et autant
aux vicayres et fut payé les vigilles, le luminaire, les chappes et
soubdyacres et dix neuf solz quatre desniers pour les droys funéraulx
et pour le portage du corps à chacun six deniers, et y eut de luminaire six torches, six ciratons et une croys, le tout de cire et pour
ce recens messire Bernardin Pastoureau pour sa part 3 solz 8 d.

10 septembre. — Obit une petite fille de cheulx Françoys Moquet,
barbier, et fuct dit grande messe de Requiem par Bernardin Pastoureau.....

11 septembre — Obit une fille en léage de dix ans de cheulx Cos-
me Royffé pour lors demeurant à Montmorillon, près Mᵉ Michel
Royffé.

14 septembre. — Obit Guillaume Godard, mari de Morelle, cham-
brière de messire Jehan Guet, qui fut un lundy, jour de Saincte Croys.

20 septembre. — Le dimanche, 20ᵉ jour dud. moys, obit une fille

(1) Doyen de la collégiale de Notre-Dame en 1550. Il l'était encore en 1570,
époque à laquelle il comparait dans l'acte de curatelle de Louis, Martine et
Louise Ferrand, dont il était l'oncle paternel (V. pièce justif., n° 14).
(2) Pastoureau.

qui estoit fille à la chambarière de feu Jehan Brochard, sergent....

7 octobre. — Obit la fille de messire Laurens Girard, prestre......

9 octobre. — Obit une petite fille de cheulx Nicolas Philippes, houste de la Queue du Renard et fut dit grande messe par Pierre Aimeteau.....

15 octobre. — Obit Mᵉ Jehan Philippes, notaire royal, et fut enterré le lendemain en la chapelle de Saincte Marthe.

Octobre. — Commencement de la peste à Châtellerault. Par mesure de salubrité les corps ne sont plus portés à l'église.

17 octobre. — Le samedy, 17ᵉ jour dudit moys, obit Georges Nisseron, orfeuvre, et mourut de peste, ainsi que on dit, et ne fut point aporté à l'église.

18 octobre. — Obit un fils de cheulx Georges Nisseron, orfeuvre, et mourut de peste et ne fut apporté à l'église.

Le même jour. — Obit une fille de Anthoine Pingeot, morte de la peste.

19 octobre. — Obit d'un petit corset de cheulx Georges Nisseron, orfeuvre, mort de peste.

20 octobre. — Obit de la peste de la fille à Pierre Catillon, orfeuvre.

2 novembre. — Obit messire Ollivier Papillaud, prestre, demeurant au bourg de Coussay les Bois.

11 novembre. — Obit Antoine Pingeot et mourut de la peste au Sanital et y est enterré.

18 novembre. — Obit Michelle Lange, et ne fut dit qu'une grande messe par Mʳ Antoyne Le Poix, curé de lad. eglise (St-Jean-Baptiste).

En marge: l'obit de Michelle Langesse.

24 novembre. — Obit Gilles Nau, sergent, et fut enterré le lendemain et fut dit troys grandes messes avec chappes, dyacres et sousdyacres et tous les aultres chapellains de l'église chantèrent pour led. feu et ont esté payez de leurs messes tant grandes que petites et les chappes, dyacres et soudyacres et reste encore à payer le droyt de l'obsèque qui est 19 s. t., 4 d. et 5 s. pour la peine de l'estrême onction.

12 décembre. — Fut né Thomas, fils de Nicolas De la Mothe, et furent parrains Thomas Bretouin et Jehan, son fils, et baptisé par Pierre Aimeteau, vicaire, et mourut incontinent et fut enterré en l'église de la chapelle De la Mothe près l'autel, en entrant dans lad. chapelle.

En marge : l'obit du fils à Nicolas De la Mothe, curé de Cenon.

1553.

Je, Pierre Aimeteau, prestre, vicaire de l'une des semicures de M. Sainct Jehan Baptiste de Chastelleraud, appartenant à noble homme M. Guy Lucas, prestre, confesse avoir et receu de honorable homme maistre Guillaume Canche, greffier de la cour ordinaire de Chastelleraud, la somme de vingt solz tournois, esreages de deux années de dix solz de rente foncière deue par chascun an en chascune feste Saint Michel à lad. cure à cause d'une place renfermée de murailles joignant la maison dud. Canche laquelle a prins à rente dud. Lucas à dix solz de rente pour chacun an au terme Sainct Michel, en la quelle place aultrefoys fut bastie une maison presbyteralle de lad. esglise.....

1557, 1558 ou 1559.

Chagneau et Chauveau, notaires roiaulx à Poitiers, ont passé l'échange que a faict M⁰ Jehan Duperat avec feu M. Gaultier Rassetau, en son vivant lieutenant de Chastelleraud (1), des terres de Pifou, près la fontaine de Pifou, qui doyt aux curés de Monsieur Sainct Jehan Baptiste huyt bociaux froment; modo damoiselle Marie Prévault.

(1) Il occupait encore cette charge en 1564.

PIÈCE JUSTIFICATIVE N° 33

Julien Brochard — Radegonde Charlet, dame de la Clielle et de La Fouchardière (1).

Aimé Brochard, conservateur des privilèges royaux de l'Université de Poitiers avant 1517, et Anne de Sauzay (2).

Pierre Brochard de la Clielle, procureur du roi sur le fait des aides en Poitou et N...

François Brochard et Jeanne Angelard (27 décembre 1523).

Prégente Brochard, veuve en 1523, de Pierre Rasseteau, seigneur de Lesmé, décédée le 14 octobre 1541.

René Brochard, sieur de la Coussaye, et Jeanne Sain (2).

Jeanne, mariée à Jean de Moulins, sieur d'Archangié, conseiller au présidial.

Pierre Brochard, sieur de la Clielle, et N. Rosnay.

Pierre Brochard, sieur de la Borde et de Marigny, receveur des tailles à Châtellerault, époux de Claude Sain vers février 1548.

Renée Brochard et Louise Rasseteau, femme de Jean 1er Ferrand. Ils eurent neuf enfants: quatre garçons et cinq filles, dont Claude, femme de Pierre Descartes, médecin châtellerauldais (1543).

Claude Brochard de la Coussaye, époux de Charlotte de Moulins en 1589, mort en 1648.

René Brochard, sieur des Fontaines, maire de Poitiers en 1589, mort René.

Jeanne, épousa le 15 janvier 1589 de Joachim Descartes, mère de René.

Isaïe Brochard, sieur de la Clielle, conseiller d'État, etc.

Jeanne, femme de N. Cottereau.

Pierre Brochard, sieur de Marigny, conseiller du roi en son Grand conseil, fils unique du précédent.

Jahel Jallais épousa le 13 juillet 1589, François-Louis Ginot, avocat à la cour présidiale.

Débora Jallais femme de N. Belluchaud.

(1) Nous devons à M. Émile Ginot, sous-bibliothécaire de la ville de Poitiers, l'obligeante communication de cette généalogie.

(2) Fille de Guillaume de Sauzay, seigneur de Beaurepaire, près Châtellerault, secrétaire et bibliothécaire du roi. Ce dernier testa le 6 juin 1518 et le partage de sa succession eut lieu le 18 février 1520 (n. s.), notamment entre Aimé Brochard et Jean d'Auvergne, procureur du roi à Limoges, marié à Claude de Sauzay, sœur d'Anne.

(3) D'après une requête d'août 1603, Claude et Jeanne Sain avaient pour aïeule maternelle Jeanne Turquand, femme de Me Pierre de Cernay, sieur de La Perlotière.

PIÈCE JUSTIFICATIVE N° 34

Contrat de partage fait entre les Fergon (1).

A Chinon, le 14 octobre 1587.

« Saichent, tous présans et advenir, que aujourd'huy, quatorziesme jour d'octobre l'an mil cinq cens quatre vingtz sept après midy, en la court du Roy notre sire, à Chinon, furent présans en leurs personnes Martin Fergon, escuier, d'une part, damoiselle Suzanne Fergon de son chef, ayant procuration et pouvoir spécial de Eustache Le Picard, escuier, sieur du Villeron et du Vau Dargent, son espoux, comme elle a faict présentement apparoir, passée pardevant Chantemerle et Le Camus, notaires on Chastellet de Paris, le huictiesme jour d'aougst dernier passé, d'aultre damoiselle Loyse Fergon, aussy de son chef et ayant procuration de Charles de

(1) Nous devons expliquer ici les motifs qui justifient la publication d'un document qui, en apparence, semble n'avoir qu'un rapport très indirect avec le sujet de ce livre.

Etienne Fergon, seigneur de la Pataudière, avait épousé Martine, fille d'Alexandre Ferrand, intendant de Louis Ier de Bourbon, prince de la Roche-sur-Yon et seigneur de Champigny-sur-Veude de 1477 à 1520. Martine avait un frère, Jacques Ferrand, seigneur de Panzoult, objet des lettres d'anoblissement d'octobre 1554 (pièce justificative, n° 1), et une sœur, Charlotte, mariée à un certain vicomte de Mortaing. Etienne Fergon et sa femme étant décédés, le premier en 1574, la seconde en 1587, leurs quatre enfants Martin, Suzanne, Louis et Isabelle se partagèrent non seulement les biens de leurs auteurs, mais encore une partie de ceux de Jacques, leur oncle maternel, *décédé sans hoirs*, et auquel sa sœur Charlotte avait survécu. D'après cela on se demande comment il est arrivé que dans certaines généalogies de la famille Ferrand on ait représenté Jacques Ferrand, seigneur de Panzoult, comme le père de Jean Ferrand, médecin de la reine Eléonore et auteur du livre *De Nephrisis et Lithiasis;* car s'il en était ainsi le père serait mort longtemps après son fils qui décéda en 1569 étant alors très âgé. Pour rester dans les limites d'une hypothèse acceptable et conforme à la supputation des dates, il faut admettre que Jean Ferrand, le père, était frère cadet d'Alexandre et oncle de Jacques Ferrand, de Martine Ferrand, femme d'Etienne Fergon, et de Charlotte Ferrand, épouse du vicomte de Mortaing.

En résumé la branche aînée des Ferrand, représentée par Alexandre, intendant de Louis Ier de Bourbon-Montpensier, s'éteignit dans la personne du seigneur de Panzoult, son fils; c'est alors que Jean Ferrand, le père, médecin de la reine Eléonore et frère cadet d'Alexandre devint le chef de la famille répandue dans le Châtelleraudais, et l'auteur des neuf enfants issus de son mariage avec Louise Rasseteau. Claude Ferrand, épouse de Pierre Descartes, l'un et l'autre aïeux de René le Philosophe, appartenait à cette branche cadette.

Vauselle, escuier, sieur de la Varenne, son espoux, comme elle a présentement faict apparoir ladicte procuration passée soubz la court de la baronnye de Faye en datte du dernier jour dudict mois d'aoust dernier passé, d'autre, et damoiselle Ysabelle Fergon, aussy de son chef d'aultre part, ausqueux sieurs de Villeron et de la Varenne lesdictes damoiselles Susanne et Loyse Fergon, promettant, chacun en droit soy, faire ratisfier ces présentes dedans ung an prochainement venant à peine de tous interestz, ces présantes demeurant neantmoings en leur force et vertu. Tous les dessus dictz Fergons ensfans et heritiers de desfunctz Estienne Fergon, vivant escuyer, conseiller du Roy, Général des finances pour la matière en Poictou et sieur de la Pataudière (1) et de damoiselle Perine Ferrand, leurs père et mère, les quelz dessusdictz estant de présent en ce lieu de Champigny (2) en la maison on est décédée ladicte desfunte damoiselle leur mère, ont congneu et confessé avoir partaigé et divisé, et par ces présentes partagent et divisent entre eux les choses cy après déclarées, specifiées et désignées à eux escheues et advenues tant de la succession de leursdictz desfunctz père et mère que de desfunct Jacques Ferrand, vivant escuier, sieur de Panzoults (3), leur oncle maternel, suyvant le rapport faict par honorable homme Me André Hervé, procureur à Lodung et Jehan Néron, demeurant à Champigny, commis par les parties, réservées de la succession dudict sieur de Panzoults, les droictz, pars et portions qui appartiennent à damoiselle Charlotte Ferrand, veufve du feu sieur viscomte de Mortaing, leur tante maternelle, les quels partaiges ont esté faitz et arrestez ainsy que cy après sensuict du voulloir, consentement et accord mutuel desdictes parties et par l'advis, conseil et délibéracion de plusieurs leurs parens et amys et spéciallement de noble homme Eustache du Boys, sieur de Revillon demourans à Faie la Vineuse et Nicollas Coustureau, escuier, sieur de la Jaille, conseiller du Roy et président de la Chambre des comptes de Bretaigne à ce requis pour cest effect.

Et premièrement,

Pour le partage dudict Martin Fergon, escuier, luy est demeuré,

(1) Commune de Champigny-sur-Veude, ancien fief appartenant en 1559 à Etienne Fergon.

(2) Champigny-sur-Veude (Touraine).

(3) Commune du canton de l'Ile-Bouchard. Cet ancien fief appartenait en 1572 à Jacques Ferrand, puis il vint plus tard à la famille Barjot.

sera et appartiendra à l'advenir perpétuellement par héritaige pour luy, ses hoirs et ayans cause, la maison, terre et seigneurie appartenances et deppendances de Venier en lodunoys (1), ainsi quelle se poursuit et comporte tant en fief, justice haulte, moienne et basse, hommes, subjectz, vassaux, cens, rentes, maisons, prescloturés, terres labourables, non labourables, prés, bois, vignes, chenevaux, quintz, quars et générallement toutes les aultres appartenances et deppendances de ladicte seigneurie de Venier, sans rien en excepter, retenir ne reserver et comme du tout en ont joy lesditz desfuncts sieurs de la Pataudière et sa femme, leurs auteurs et devanciers et leurs fermiers et recepveurs.

Item, la somme de cent soixante six escus deux tiers, vallans cinquante livres tournoys de rente constituée à prendre sur Me Marin Rogier, sieur de Bouchillon et de Preugny (2), docteur en médecyne, et sa femme, ladicte rente assise et assignée sur ladicte terre et appartenances de Preugny admortissable à la somme de deux mille escuz sol, comme à plain est contenu par les lettres de constitucion de ladicte rente passées et receues par devant Me Aubry, notaire roial à Lodun, en date du huictiesme jour de jung mil cinq cens quatre vingtz deux, lesquelles à ceste fin ont été mises en mains dudict Martin Fergon, escuier, avecques les contractz dacquetz et supplémens qui ont esté faictz de la dicte seigneurie de Venier à la charge que ce présent lot demeure obligé de la somme de huit cens livres tournoys à une fois paiés aux lotz cy après comme il sera dict et déclaré à la fin des présens partaiges.

Et au partaige, de ladicte Yzabelle Fergon lui est demeurée, sera et appartiendra à l'advenir pour elle ses hoirs et ayans cause la terre et seigneurie de Panzoults, située au duché de Touraine, ainsy qu'elle se poursuit et comporte, tant en maisons, terres labourables, prés, bois, hayes, saullaies, vignes, prez, clotures, cens, rentes, droictz seigneuriaulz et féodaux et générallement toutes ses appartenances et deppendances et comme en a joy led. deffunct, Jacques Ferrand, et despuis son décedz ladicte deffuncte Perrine Ferrand, mère des parties.

Item, la maison, mestairie appartenances et dépendances de Marigny, près l'Isle Bouchard, ainsy qu'elle se poursuit et comporte et sans en rien retenir ne réserver et comme en ont joy lesdictz desfunctz et leurs fermiers.

(1) Commune du canton de Loudun. Ce fief relevait du château de Loudun.
(2) Commune de Chalais.

Item, la maison, mestairie appartenances et deppendances du Portal (1) avecques le clos et appartenances de la Durandrye et bois taillis de Pelleloye (2), ainsy qu'ils se poursuivent et comportent et comme ladicte demoiselle Perrine Ferrand en est morte vestue et saisie.

Item, la somme de cens soixante six escuz deux tiers réduictz à cinq cens livres tournois de rente constituée à prendre sur le sieur de Puygareau admortissable à la somme de deux mille escuz comme appert par les lettres de ladicte constitucion, passées soubz la court de Faie la Vineuse pardevant Guénant y notaire le quinziesme jour de mars mil huit cens quatre vingtz deux.

Item, la somme de huit cens vingtz cinq escuz sol vallent deux mille quatre cens soixante et quinze livres tournois à une fois payer à prendre sur loys de Chezelles (3), escuier, sieur du Perron en quoy il est redevable vers la dicte desfuncte par sa cédulle et promesse du unziesme may mil cinq cens quatre vingtz sept, laquelle ensemble les aultres titres et contractz consernant les choses du présent lot ont esté baillez à lad. damoiselle Ysabelle Fergon avecques la somme de sept mil six cens quinze livres reduicte à deux mil cinq cens trante huict escuz ung tiers en deniers comptans trouvez entre les meubles de ladicte succession.

Plus la somme de cent dix livres vallant trante six escuz deux tiers à prendre sur la somme de huit cens livres que doibt ledict Martin Fergon, escuier, pour retour de son partaige, la dicte somme de trante six escuz deux tiers paiable par led. Martin Fergon à ladicte damoiselle Yzabelle Fergon dedans d'huy en ung an prochainement venant.

Item, pour le partaige de ladicte damoiselle Loize Fergon et en vertu de son dict pouvoir s'est accordée et a déclaré qu'il est véri-

(1) La maison du Portal, près de la chapelle de Notre-Dame-de-Lorette, commune de Champigny. Elle devait une rente à la collégiale suivant les déclarations féodales des 17 juin 1539 et 29 décembre 1773. — 1er mars 1625 : testament portant fondation fait par Me Charles Vincent, sieur du Portal, de la somme de deux cents livres à payer au chapitre à la charge de célébrer deux anniversaires de vigiles et grandes messes en leur église, etc.
(Arch. Indre-et-Loire, G. 282.)
La famille Vincent du Portal, qui a encore des représentants dans le Poitou, tire son origine de Champigny-sur-Veude.
(2) Commune de Panzoult.
(3) Il y avait dans la paroisse de Panzoult un fief du nom de Chezelles, relevant de Cravant.

table qu'en faveur du mariage dud. sieur de la Varenne son mary, ladicte desfuncte damoiselle Perrine Ferrand, sa mère, leur auroit paié et baillé et avoir reçeu d'elle la somme de cinq mille six cens soixante six escuz deux tiers, vallans dix sept mille livres, elle consent veult et accorde luy estre précomptés comme de faict elle demeure par ces présentes précomptées sur les droictz, pars et portions qui luy appartiennent èsdictes successions pour estre égale avecque sesd. frère et sœurs, oultre et pardessus laquelle dicte somme de dix sept mil livres tournois ainsy receue comme dict est luy sera et demeurera perpétuellement par héritaige pour elle, ces hoirs et ayans cause la maison, seigneurie appartenances et deppendances de Candé (1), en Lodunoys ainsy qu'elle se poursuict et comporte tant en maisons, cens, rentes, droict de fief, terres labourables, prez, vignes, bois, haies, saullaies, chenevaux et générallement toutes les appartenances et déppendances d'icelle sans toutefois que les autres héritiers soient tenuz aulcung garentaiges au cas que ladicte maison et appartenances de Candé soient retirées sur ledict sieur de la Varenne et sa femme par les vendeurs d'icelle sinon pour la somme de trois mil escuz pour la quelle elle a esté achaptée et des fraictz et mises de l'acquest et ce qui en deppend.

Item, sur Me Jehan Le Proust, sieur de Neriaud (2), esleu pour le Roy nostre sire à Lodung la somme de trois cens livres vallens cent escuz sol de rente constituée rachestable par ledict Le Proust et ses hoirs pour la somme de trois mil six cens livres tournois reduicte à douze cens escuz à une foys paier comme le tout appert par le contract de constitution passé par A. Naudin, notaire roial à Lodun, le dix huictiesme jour de juillet mil cinq cens quatre vingtz troys.

Item, sur dame Espérance Berthellot, veufve de feu Loys du Mothey, vivant recepveur des tailles à Lodung, la somme de deux cens escuz à une fois paier comme appert par obligacion de ce passée par Me Aubry, notaire roial à Lodung en date du vingt deuxiesme jour de jung mil cinq cens quatre-vingtz-trois, a tout esté mis en mains de la dicte Loise Fergon les contraicts d'acquestz de ladicte seigneurie de Candé et obligacions sur lesd. le Proust et veufve du Mothey, des sommes cy-dessus déclarées pour s'en prévalloir comme de raison.

S'est pareillement accordée et confesse la dicte damoiselle Su-

(1) Ancien fief du Loudunais, commune de Véniers.
(2) Neriau, ancienne seigneurie, commune de Chalais.

zanne Fergon et en vertu de son dict pouvoir avoir receu de lad. desfuncte damoiselle Périne Ferrand, sa mère, en faveur de leur mariage la somme de cinq mil six cens soixante six escus deux tiers
vallant dix sept mil livres tournois comme appert par les acquitz
qu'ils en ont baillés à ladit. desfuncte, la quelle dicte somme elle a
voulu et consenty leur estre précomptée sur leur droictz, pars, et
portions qui leur compètent et appartiennent ès dictes successions
pour estre unyz et egalle avecques les dessusd. leurs cohéritiers,
oultre et pardessus la quelle dicte somme de cinq mil six cens
soixante six escus deux tiers leur sera et demeurera perpétuellement
par héritaige pour eux leurs hoirs et ayens cause, la maison seigneurie, appartenances et deppendances de la Pataudière, ainsy
quelle se poursuict et comporte (1)... avec le clos de la Hubertière et
les prez de Chastre appelés les prés, de l'Huillerie et du feu sieur
mareschal ferrand avecques la maison et closture estant près le
moullin des Forges et sans rien en excepter, retenir ne reserver
comme en ont joy et en sont mors vestuz et saisis lesditz desfunctz
sieur et damoiselle de la Pataudière père et mère desd. parties tant
à tiltre d'acquietz, échange que aultrement.

Item, la somme de deux mil escuz vallens six mil livres à prendre
sur Me Jehan Delabarre, escuier, lieutenant général à Chinon, ou la
rente constituée pour ladicte somme comme du tout appert par le
contraict passé par P. Aubert notaire roial à Chinon le mercredy
vingt septième jour de décembre mil cinq cens quatre-vingt ung.

Item, la somme de huict vingtz dix escuz vallans cinq cens dix
livres à prendre sur Me loys Bilbault et en quoy il est tenu par sa
cédule du vingt quatriesme novembre mil cinq cens quatre-vingtz
six, les contractz et obligacions desquelles choses et sommes cy-
dessus ont esté mis ès mains deladicte damoiselle Suzanne Fergon
pour eux en pourvoir comme de raison.

Item, la somme de six cens quatre vingt dix livres à prendre sur
ledict Martin Fergon, escuier, sur les huict cent livres en quoi il est
tenu pour retour de son partaige, paiable ladicte somme par led.
Martin Fergon, escuier, ausdictz sieur de Villeron et Fergon sa
femme dedans d'huy en ung an prochainement venant.

Lesquelz partaiges cy-dessus ont ainsy esté par lesdictes parties
èsdictz noms accordez, stipullez et acceptés et promis ceulx ratis-

(1) Commune de Champigny-sur-Veude, ainsi que Châtre.

fier et plus amplement agréer sy besoing est touttes fois et quantes
que requis en seront à peine de tous interestz, ces présentes néant-
moings demeurant en leur force et vertu et pour le regard du pré-
ciput et advantaiges prétendu par led. Martin Fergon et qui lui
pourrait appartenir sur la maison, terre et seigneurie de Panzoult
parce qu'il est comme il dict tombé en tirce foy et à ceste occasion luy compettent et appartiennent les dictes pars avec l'avantaige
suyvant la coustume du païs de Thouraine où ladicte seigneurie est
située et assise, y a le dict Martin Fergon renoncé monstrant et en
considération de ce que les dessusd. ses cohéritiers luy ont délaissé
la maison noble appartenances et deppendances dud. Venier, tenue
à foy et hommaige du roy à cause de son chastel de Loudun comme
estant la plus noble et plus belle maison delad. succession. Sans approuver toustes fois par les aultres cohéritiers qu'il escheupt audict
Martin Fergon aucun précipud et adventaige sur ladicte maison et
appartenance de Panzoult par les moiens qu'ils eussent dictz et alle-
gués en cas de disputte ou débat dud. prétendu precipud promectant.. . . . . . .

- (Le reste de l'acte ne présentant aucun intérêt nous le suppri-
mons).

La minute est signée desd. parties : Dubois, sieur de Revillon,
du Coustureau, Néron et Hervé, de la Tremblaye, Robin escuier,
sieur de Mondon et d'Artigny et de dame Genefvieve Arraby, dame
de Beaulieu et de Boisbouchard, et de nous, Anthoine Roy et Jehan
Durand, notaires roiaulx, passeurs des présentes.

Signé : DURAND   ROY

                                         j'ay la minute

(*Arch. Vienne*, E*,2).

Les dernières feuilles de ce travail étaient encore à l'impression lorsque
le partage des Fergon, alliés des Ferrand, a attiré notre attention. Les détails généalogiques si précis révélés par ce curieux document local néces-
sitent une rectification aux quelques lignes du commencement de ce livre
où nous avons représenté Jacques Ferrand, seigneur de Panzoult, comme
étant le père de Jean Ferrand, médecin de la reine Eléonore, alors
qu'il n'en était que le neveu, ainsi que nous l'avons établi à la page 240.
Le désir d'être exact nous a dicté cette note qui n'infirme en rien ce que
nous avons écrit sur les origines châtelleraudaises de la famille Descartes.

TABLE DES CHAPITRES

TABLE DES PIÈCES JUSTIFICATIVES

CORRECTIONS ET ADDITIONS.

P. 77. — Au chapitre, *au lieu* de XII, *lisez* XIII.
P. 83. — — — XIII, *lisez* XIV.
P. 89. — — — XIV, *lisez* XV.
P. 102. — — — XV, *lisez* XVI.
P. 107. — — — XVI, *lisez* XVII.
P. 117. — — — XVII, *lisez* XVIII.
P. 125. — — — XVIII, *lisez* XIX.

A la page 81 j'ai dit que les Ferrand-Rasseteau avaient des biens à Beaulieu, commune de Vellèche. Ce fait est attesté par un aveu du 8 mai 1601 (*Arch. Vienne*, E^s, 3) rendu par François de Gannes à dame Nicole Le Roy, veuve du maréchal Arthur de Cossé-Brissac, pour le fief de Montdidier. Dans les confrontations de ce fief était assis « l'hostel de Beaulieu tenu à foi et hommage simple, par Claude Ferrand, veuve de noble Pierre Descartes, vivant docteur en médecine... »

P. 126. Nous avions cru, avec Ropartz (p. 27), que Joachim Descarte, était né en 1553 et non en 1563. Le texte authentique de l'acte de baptême du père de René, qui nous a été communiqué récemment par M. Papillault, avoué à Châtellerault, prouve le contraire, le voici : « Le jeudy, 2⁰ jo^r de décembre 1563, fut né et baptizé Jouachin Descartes, fils de honorable home m͞e P͞re Descartes, docteur en médecine, et honorable feme Claude Ferrand, sa fem͞e, et furent ses parrains et marraine Mr Jehan Ferrand, docteur en médecine, et noble home M͞e Loys Dupuy, sieur de Saussay, et recepveur des tailles du roy n͞tre sire, et damoiselle Anne de Sauzay, dame de la Regnaudière. Baptisé par messire Pierre Aimeteau, curé de la dite église. » — (St-Jean-Baptiste de Châtellerault.)

Cet acte formel fait disparaître l'hypothèse que nous avions émise sur la présence de Joachim Descartes au siège de Poitiers en 1569; mais il confirme l'opinion que nous avions ainsi exprimée à la page 5 : « C'est à Châtellerault *que naquit très probablement* son fils unique Joachim ».

Extrait des Mémoires de la Société des Antiquaires de l'Ouest,
(2e série, tome XIX, année 1896).

Poitiers.— Imprimerie Blais et Roy, 7, rue Victor-Hugo, 7.

www.ingramcontent.com/pod-product-compliance
Lightning Source LLC
Chambersburg PA
CBHW070302290326
41930CB00040B/1881